2024

Cuba: de la Historia a la Afición

Autor:

ALEJANDRO PÉREZ ARANDA

C A
LA SABIDURÍA COMIENZA CON LA CURIOSIDAD

INTRODUCCIÓN

La historia del tabaco es una narrativa fascinante que ha moldeado la evolución cultural, social y económica de muchas civilizaciones. Desde su descubrimiento en el Nuevo Mundo hasta convertirse en un símbolo de prestigio y sofisticación, el tabaco ha dejado una marca indeleble en la historia mundial. *"Cuba: de la Historia a la Afición"* te invita a sumergirte en la rica y compleja trayectoria de los habanos cubanos y los puros españoles, explorando sus orígenes, su desarrollo y su impacto en la cultura global. Este libro no solo te enseñará a apreciar cada matiz de esta noble afición, sino que te llevará a un viaje que celebra la excelencia y la tradición del tabaco.

En la primera parte, ofrecemos una visión detallada y completa de la historia de los habanos y los puros españoles. Descubre cómo estas dos tradiciones tabacaleras han crecido y se han adaptado a lo largo de los siglos, enfrentando desafíos y aprovechando oportunidades para mantener su relevancia en un mercado global competitivo. A través de relatos cautivadores y anécdotas históricas, podrás entender cómo el tabaco se convirtió en un elemento central de la cultura y la economía en diferentes épocas y lugares.

La segunda parte del libro te adentra en el fascinante mundo de los puros, brindándote la confianza y el conocimiento necesarios para disfrutar plenamente de esta afición. Aquí aprenderás a apreciar cada momento y cada fumada, porque cada encendido, cada puro, lleva consigo una historia, un trasfondo y un sentimiento. Descubre las historias detrás de las marcas más icónicas, las técnicas de producción que aseguran una calidad incomparable y las personas que han dedicado sus vidas a la perfección de este arte.

El arte de fumar puros es una tradición que ha perdurado a lo largo de los siglos y que hoy en día sigue siendo sinónimo de elegancia, disfrute y sofisticación. Este libro está diseñado para proporcionar una guía básica completa y detallada sobre todos los aspectos relacionados con los puros, desde su origen y producción hasta su almacenamiento y la apreciación del sabor. Ya seas un aficionado principiante o un conocedor experimentado, encontrarás en estas páginas el conocimiento y las herramientas necesarias para profundizar en tu apreciación por los puros y disfrutar de esta noble afición de manera plena y satisfactoria.

"Cuba: de la Historia a la Afición" no solo pretende informar y enseñar, sino también inspirar a los lectores a valorar la rica historia y el arte detrás de los habanos y los puros españoles. Es un homenaje a una tradición que ha perdurado a través del tiempo y que continúa siendo un símbolo de lujo y artesanía, elevando cada fumada a una experiencia sublime de conexión con la historia y la cultura del tabaco. Acompáñanos en este viaje fascinante y transforma tu comprensión y apreciación de los puros. Con cada página, descubrirás nuevas facetas de esta afición, y cada fumada se convertirá en una celebración de la tradición, el arte y la dedicación que hacen del tabaco una joya cultural.

I

Orígenes y Tradiciones Ancestrales

La historia del tabaco se remonta a miles de años antes de la llegada de los europeos al Nuevo Mundo. Desde las civilizaciones precolombinas hasta los primeros registros europeos, el viaje del tabaco ha sido uno de transformación cultural y económica que eventualmente condujo a la creación de los icónicos puros Habanos y su difusión global.

El tabaco, conocido científicamente como Nicotiana tabacum, es una planta nativa de las Américas. Los primeros rastros del uso del tabaco se encuentran en restos arqueológicos de la región andina, fechados alrededor del 3000 a.C. Los indígenas americanos ya cultivaban diversas variedades de tabaco mucho antes de la llegada de los europeos, integrándolo profundamente en sus culturas y rituales. Para estas civilizaciones, el tabaco no era simplemente una planta recreativa; tenía un valor medicinal y espiritual significativo. Los chamanes y líderes religiosos lo utilizaban en ceremonias para comunicarse con los dioses y los espíritus, creyendo que el humo tenía el poder de transportar mensajes al más allá y purificar el alma. Además, el tabaco se usaba para tratar diversas dolencias, desde dolores de cabeza hasta problemas respiratorios y digestivos.

Las ceremonias y celebraciones en las que se empleaba el tabaco eran muchas y variadas. Los mayas, por ejemplo, utilizaban el tabaco en rituales religiosos y creían que su humo tenía propiedades místicas. Los aztecas, por su parte, ofrecían tabaco a sus dioses en rituales y lo utilizaban en prácticas curativas. Estas tradiciones espirituales y medicinales eran compartidas por muchas culturas indígenas a lo largo del continente americano. En el Caribe, los Taíno y los Arawak eran especialmente conocidos por sus ceremonias de tabaco, donde el humo jugaba un papel central en los rituales de sanación y conexión espiritual.

La llegada de Cristóbal Colón en 1492 marcó un punto de inflexión en la historia del tabaco. Colón y su tripulación descubrieron el tabaco cuando los nativos de la isla de Guanahaní, actual San Salvador, les ofrecieron hojas secas de tabaco como obsequio. Este encuentro inicial fue documentado por el propio Colón, quien en su diario escribió: "Los nativos trajeron hojas secas, que apreciaban mucho." Rodrigo de Jerez, uno de los marineros de Colón, fue uno de los primeros europeos en fumar tabaco. Al regresar a España y mostrar esta práctica, fue encarcelado por la Inquisición, que veía el acto de inhalar humo como algo demoníaco. Sin embargo, la fascinación por el tabaco pronto superó estas restricciones iniciales, y su uso comenzó a expandirse rápidamente por Europa.

El tabaco se convirtió rápidamente en un producto de lujo en Europa, inicialmente reservado para la aristocracia y la realeza. Los nobles europeos adoptaron el hábito de fumar tabaco en pipas, y su consumo se asociaba con estatus y sofisticación. Las primeras importaciones de tabaco provenían principalmente de las colonias españolas en América, lo que incrementaba su valor y prestigio. En el siglo XVI, el tabaco también fue adoptado por médicos y curanderos europeos que lo consideraban una planta medicinal poderosa. El médico español Nicolás Monardes publicó en 1571 un tratado sobre las plantas medicinales del Nuevo Mundo, destacando las propiedades curativas del tabaco. Monardes escribió: "El tabaco tiene virtudes maravillosas, curando dolores de cabeza, úlceras y males del pecho y estómago." Esta percepción médica aumentó la popularidad y demanda del tabaco en Europa.

A medida que el tabaco se popularizaba en España, otros países europeos comenzaron a importar y cultivar esta planta. En Inglaterra, Sir Walter Raleigh jugó un papel crucial en la introducción del tabaco, y su uso se expandió rápidamente entre la nobleza inglesa. Francia, Portugal y otros países europeos también adoptaron el tabaco, desarrollando sus propias costumbres y métodos de consumo. En 1604, el rey Jacobo I de Inglaterra publicó un famoso ensayo titulado "Counterblaste to Tobacco," en el que condenaba el uso del tabaco, calificándolo de "costumbre abominable y perniciosa." A pesar de estas críticas, el consumo de tabaco siguió creciendo, consolidándose como un elemento central de la cultura europea.

Los conocimientos y técnicas de los indígenas americanos fueron fundamentales para el desarrollo de los puros. Los indígenas desarrollaron técnicas específicas para enrollar hojas de tabaco, creando los primeros puros. Este conocimiento ancestral fue transmitido a los europeos, quienes adoptaron y adaptaron estas técnicas para crear los puros que conocemos hoy. La habilidad de enrollar puros se convirtió en una tradición artesanal transmitida de generación en generación. Las tribus Taíno y Arawak del Caribe fueron algunas de las primeras en enseñar a los colonizadores españoles cómo cultivar y preparar el tabaco. Estas comunidades utilizaban métodos específicos de cultivo y secado que maximizaban la calidad del tabaco. La combinación de sus conocimientos sobre el clima, el suelo y las técnicas de secado fue fundamental para establecer las bases de la industria del puro en las Américas.

Los europeos aprendieron de los indígenas la importancia de las distintas variedades de tabaco y cómo cada una ofrecía diferentes sabores y aromas. Esta comprensión llevó al desarrollo de mezclas específicas y técnicas de fermentación que mejoraban la calidad del tabaco. La experimentación con diferentes suelos y climas también permitió la creación de nuevos tipos de tabaco que diversificaron el mercado. Según Eduardo Galeano en "Las venas abiertas de América Latina," los colonos europeos estaban fascinados por la diversidad y calidad del tabaco americano, lo que impulsó una búsqueda constante de mejores métodos de cultivo y producción.

Los primeros relatos sobre el tabaco en Europa provienen de exploradores y cronistas que documentaron sus experiencias en el Nuevo Mundo. Gonzalo Fernández de Oviedo, en su obra "Historia general y natural de las Indias," describió el uso del tabaco por los indígenas y su posterior adopción por los colonizadores. Fernández de Oviedo escribió: "Los indios hacen con las hojas de tabaco una especie de cigarro que llaman 'tabacos,' y los encienden para aspirar su humo, creyendo que esto les da fuerza y vigor." Estas descripciones iniciales destacaban tanto los aspectos positivos como los negativos del tabaco, reflejando la fascinación y el escepticismo que rodeaban esta planta exótica.

Figura 1: Colón recibiendo la planta del Tabaco

Figura 2: Colón recibiendo la planta del Tabaco

La literatura y el arte de los siglos XVI y XVII también reflejan la creciente popularidad del tabaco en Europa. Obras literarias, pinturas y grabados de la época representan a personajes fumando en pipas o disfrutando de puros, indicando cómo el tabaco se integró rápidamente en la vida cotidiana y en la cultura popular. William Shakespeare, por ejemplo, mencionó el tabaco en varias de sus obras, señalando su presencia en la sociedad inglesa de la época. En "El mercader de Venecia," uno de los personajes exclama: "Dame de tu tabaco, y hallaré la manera de hacerte hablar."

El tabaco, descubierto por los europeos en su encuentro con las civilizaciones indígenas americanas, inició un viaje fascinante que lo llevó a convertirse en un producto de gran importancia cultural y económica. Desde sus usos medicinales y espirituales en las culturas precolombinas hasta su adopción por las elites europeas, el tabaco ha desempeñado un papel crucial en la historia de muchas sociedades. La expansión del tabaco a Europa marcó el comienzo de una transformación global. El intercambio de conocimientos entre los indígenas americanos y los colonizadores europeos permitió el desarrollo de técnicas avanzadas de cultivo y producción. Estos avances no solo mejoraron la calidad del tabaco, sino que también sentaron las bases para la creación de los puros Habanos y los puros españoles, que más adelante se convertirían en símbolos de excelencia y lujo.

El proceso de cultivo y producción del tabaco en las Américas evolucionó significativamente gracias a la influencia indígena. Los Taíno y Arawak enseñaron a los colonos españoles métodos específicos de cultivo que optimizaban la calidad del tabaco. Estos métodos incluían técnicas de selección de suelos, manejo del agua y tiempos de cosecha que eran cruciales para producir hojas de alta calidad. Además, los indígenas tenían un profundo conocimiento de las variedades de tabaco y sus características únicas. Este conocimiento fue fundamental para la creación de mezclas específicas y técnicas de fermentación que mejoraban la calidad del tabaco.

A medida que los colonos españoles adoptaban y adaptaban estas técnicas, comenzaron a surgir plantaciones de tabaco en Cuba y otras partes del Caribe. Estas plantaciones se convirtieron rápidamente en el núcleo de la industria tabaquera en la región. La calidad superior del tabaco cubano pronto atrajo la atención de comerciantes y consumidores europeos, consolidando la reputación de los Habanos como los mejores puros del mundo. Según Fernando Ortiz, en su obra "Historia del tabaco en Cuba," las plantaciones cubanas se beneficiaron enormemente del conocimiento indígena: "Los métodos tradicionales de cultivo y secado utilizados por los indígenas fueron esenciales para establecer la excelencia del tabaco cubano."

El auge del tabaco en Europa no estuvo exento de controversias y desafíos. A pesar de su popularidad, el tabaco también enfrentó oposición por parte de algunas autoridades y sectores de la sociedad. El rey Jacobo I de Inglaterra, por ejemplo, fue uno de los críticos más vehementes del tabaco. En su ensayo "Counterblaste to Tobacco," publicado en 1604, condenó el uso del tabaco, calificándolo de "costumbre abominable y perniciosa." A pesar de estas críticas, el consumo de tabaco siguió creciendo, consolidándose como un elemento central de la cultura europea.

El comercio del tabaco también tuvo un impacto significativo en la economía global. La demanda de tabaco en Europa impulsó la expansión de las plantaciones en América, lo que a su vez llevó a un aumento en la producción y exportación de tabaco. Esta creciente demanda también fomentó la creación de rutas comerciales que conectaban las Américas con Europa y otras partes del mundo. Según Orlando Rangel, en su estudio sobre la economía del tabaco, "el comercio del tabaco fue uno de los primeros ejemplos de globalización económica, creando redes comerciales que conectaban continentes y culturas."

El tabaco también jugó un papel crucial en la vida social y cultural de Europa. A medida que se popularizaba su consumo, surgieron nuevas costumbres y rituales asociados al fumar tabaco. En Inglaterra, por ejemplo, se establecieron los primeros clubes de fumadores, donde los miembros se reunían para disfrutar de pipas de tabaco y discutir temas de actualidad. Estos clubes se convirtieron en centros de socialización y debate, reflejando la importancia del tabaco en la vida cotidiana. En Francia, el hábito de fumar tabaco también se integró en la cultura de la corte. Luis XIII y su sucesor, Luis XIV, eran conocidos por su afición al tabaco, y su consumo se convirtió en una moda entre la nobleza francesa.

La expansión del tabaco a otras partes del mundo también tuvo un impacto significativo en las culturas locales. En Asia, el tabaco fue introducido por los comerciantes europeos en el siglo XVII, y rápidamente se integró en las costumbres locales. En Japón, por ejemplo, el tabaco se convirtió en una parte importante de la cultura samurái, y se desarrollaron técnicas específicas para cultivar y preparar tabaco de alta calidad. En la India, el tabaco también se adoptó ampliamente, y se convirtió en un componente clave de la cultura social y religiosa.

El impacto del tabaco en la sociedad y la cultura global no puede subestimarse. Desde sus orígenes en las civilizaciones precolombinas hasta su adopción por las elites europeas y su expansión a otras partes del mundo, el tabaco ha desempeñado un papel crucial en la historia de muchas sociedades. La combinación de conocimientos indígenas y técnicas europeas permitió el desarrollo de una industria global que continúa influyendo en la economía y la cultura hoy en día.

La llegada de los europeos al Nuevo Mundo y su encuentro con el tabaco marcaron el comienzo de una transformación cultural y económica que se ha mantenido a lo largo de los siglos. A medida que exploramos la historia del tabaco en los capítulos siguientes, veremos cómo esta planta ha continuado evolucionando y adaptándose a los cambios en la sociedad y la economía global. Desde los rituales espirituales de las civilizaciones precolombinas hasta los lujosos salones de la aristocracia europea, el viaje del tabaco es una historia fascinante de descubrimiento, adaptación y transformación.

El impacto del tabaco se extendió también al ámbito artístico. Pintores y escritores capturaron la imagen del tabaco y su influencia en la sociedad. Por ejemplo, Pieter Bruegel el Viejo, en sus obras, a menudo incluía figuras fumando pipas, reflejando la penetración del tabaco en la vida cotidiana europea. Al mismo tiempo, la literatura renacentista comenzó a mencionar el tabaco en sus narraciones, indicando su creciente popularidad y relevancia cultural.

Además, el tabaco tuvo un papel importante en las expediciones y aventuras de los siglos XVI y XVII. Exploradores como Francis Drake y John Hawkins documentaron sus experiencias con el tabaco en el Nuevo Mundo, destacando su valor como moneda de intercambio y su papel en las relaciones con las comunidades indígenas. El tabaco no solo era un bien de consumo, sino también una herramienta diplomática y económica crucial.

En el ámbito científico, el tabaco también generó interés y debate. En 1571, Nicolás Monardes publicó su famoso tratado "Joyfull Newes out of the New Found Worlde," donde describía las propiedades medicinales del tabaco y otras plantas americanas. Monardes afirmaba que el tabaco podía curar múltiples enfermedades, desde migrañas hasta enfermedades del estómago, lo que contribuyó a su aceptación y popularidad en Europa. Sin embargo, también hubo detractores, como el rey Jacobo I. Y a medida que avanzaba el siglo XVII, el tabaco se consolidó como un producto global. Las colonias americanas se convirtieron en los principales productores y exportadores de tabaco, y las grandes potencias europeas establecieron monopolios y regulaciones para controlar su comercio. La Compañía de las Indias Orientales y la Compañía de las Indias Occidentales fueron actores clave en la distribución global del tabaco, creando redes comerciales que conectaban América, Europa, África y Asia.

El tabaco también influyó en la estructura social y económica de las colonias americanas. En lugares como Virginia y Maryland, el cultivo del tabaco se convirtió en la principal actividad económica, impulsando la demanda de mano de obra y contribuyendo al establecimiento del sistema de plantaciones y la esclavitud. Los propietarios de plantaciones de tabaco se convirtieron en una élite poderosa, y sus fortunas se construyeron sobre la base del trabajo de los esclavos africanos y los sirvientes contratados.

El siglo XVIII vio una mayor sofisticación en el cultivo y producción del tabaco. Se desarrollaron nuevas técnicas de fermentación y secado que mejoraron la calidad y el sabor del tabaco, lo que llevó a la creación de puros más refinados. En Cuba, la producción de tabaco alcanzó nuevas alturas, con la región de Vuelta Abajo emergiendo como una de las principales áreas productoras de tabaco de alta calidad. Los Habanos, como se conocieron estos puros, se convirtieron en sinónimo de excelencia y lujo, ganando fama internacional.

El impacto del tabaco en la cultura europea también se extendió al ámbito del entretenimiento. Las casas de tabaco y los cafés se convirtieron en lugares populares de encuentro social donde la gente podía fumar, conversar y disfrutar de espectáculos. En Londres, por ejemplo, el famoso café de Edward Lloyd, que más tarde se convertiría en Lloyd's of London, comenzó como un lugar donde los comerciantes y corredores de seguros se reunían para fumar y discutir negocios.

El papel del tabaco en la diplomacia y la política también fue significativo. En varias ocasiones, el tabaco se utilizó como un regalo diplomático para sellar alianzas y acuerdos. En 1586, Sir Walter Raleigh presentó al rey Felipe II de España un lote de tabaco de Virginia como muestra de buena voluntad. Este tipo de intercambios ayudó a difundir el tabaco por Europa y reforzó su valor como un bien preciado.

El tabaco también tuvo un impacto notable en el desarrollo de la ciencia y la medicina. A medida que su popularidad crecía, los médicos y científicos europeos comenzaron a estudiar sus efectos en la salud. Algunos, como el médico suizo Paracelso, elogiaron sus propiedades curativas, mientras que otros advertían sobre sus posibles riesgos. Este debate sobre los beneficios y peligros del tabaco continuaría durante siglos, influenciando la investigación médica y las políticas de salud pública.

En resumen, la historia del tabaco es una historia de intercambio cultural, adaptación y evolución. Desde sus raíces en las ceremonias y rituales de las civilizaciones indígenas hasta su adopción por las elites europeas y su transformación en un producto de lujo, el tabaco ha sido una fuerza poderosa en la historia global. Los conocimientos y técnicas de los indígenas americanos fueron fundamentales para el desarrollo de los puros, y su influencia continúa siendo evidente en la calidad y prestigio de los Habanos y puros españoles hoy en día.

II

El nacimiento del Habano

El nacimiento del Habano, uno de los puros más reconocidos y prestigiosos del mundo, es una historia de siglos de tradición, perfección y maestría artesanal. Cuba, la cuna de los Habanos, ha sido el escenario de una evolución fascinante que ha llevado a la creación de los puros más codiciados. Esta narrativa entrelaza detalles históricos y anécdotas que reflejan la riqueza cultural y económica de la industria del tabaco cubano.

Los orígenes del Habano se remontan a los tiempos de las primeras plantaciones de tabaco en Cuba. Cristóbal Colón, en su segundo viaje a las Américas en 1493, exploró más profundamente el Caribe y observó cómo los nativos cubanos usaban el tabaco. Gonzalo Fernández de Oviedo, cronista del siglo XVI, describe en su "Historia general y natural de las Indias" cómo los indígenas cubanos secaban y enrollaban las hojas de tabaco para fumar. Este método ancestral de preparación y consumo de tabaco sería la base sobre la cual se construiría la industria del Habano.

El cultivo del tabaco en Cuba comenzó a florecer en el siglo XVII. Las primeras plantaciones se establecieron en la región de Vuelta Abajo, famosa por su suelo fértil y clima ideal para el cultivo del tabaco. Según Fernando Ortiz en su obra "Historia del tabaco en Cuba", Vuelta Abajo se convirtió rápidamente en el corazón de la producción de tabaco de alta calidad. Los agricultores cubanos, conocidos como vegueros, desarrollaron técnicas específicas de cultivo y secado que mejoraron la calidad del tabaco. Estas técnicas incluían la selección cuidadosa de las semillas, la rotación de cultivos y el uso de métodos naturales de control de plagas.

La industria del tabaco cubano comenzó a consolidarse en el siglo XVIII. La Real Compañía de Comercio de La Habana, fundada en 1740, jugó un papel crucial en la promoción y exportación del tabaco cubano. Esta compañía controlaba la producción y comercio de tabaco, asegurando que solo el tabaco de la más alta calidad se exportara. La creación de la Real Compañía marcó el inicio de una nueva era para el tabaco cubano, en la que la calidad y el prestigio se convirtieron en las principales prioridades.

A medida que la demanda de tabaco cubano crecía en Europa, las plantaciones en Cuba se expandían y mejoraban sus técnicas. Los puros cubanos, conocidos como Habanos, comenzaron a ganar reconocimiento internacional por su calidad superior. En 1817, el rey Fernando VII de España decretó el libre comercio del tabaco, lo que permitió a los productores cubanos exportar sus productos sin las restricciones de la Real Compañía. Este decreto impulsó aún más la industria del tabaco en Cuba, permitiendo que los Habanos llegaran a una audiencia global.

Uno de los momentos más significativos en la historia del Habano fue la creación de las primeras grandes marcas de puros en el siglo XIX. En 1845, el inmigrante español Jaime Partagás fundó la fábrica de puros Partagás en La Habana. Partagás fue pionero en el uso de métodos innovadores de cultivo y producción, y su fábrica se convirtió en una de las más importantes de Cuba. La marca Partagás, conocida por sus puros ricos y complejos, estableció un estándar de calidad que otras marcas seguirían.

La fábrica de Partagás no fue la única en destacar. Marcas como H. Upmann, fundada en 1844 por el banquero alemán Herman Upmann, y Romeo y Julieta, establecida en 1875, también se convirtieron en sinónimos de calidad y lujo. Estas marcas no solo produjeron puros excepcionales, sino que también innovaron en el marketing y la distribución de sus productos. H. Upmann, por ejemplo, fue una de las primeras marcas en utilizar cajas de madera para exportar sus puros, asegurando su frescura y calidad durante el transporte.

El auge de las grandes marcas de puros en el siglo XIX coincidió con un período de prosperidad económica en Cuba. La isla se convirtió en un centro de comercio y cultura, atrayendo a inmigrantes de todo el mundo que contribuían al crecimiento de la industria del tabaco. La Habana, con sus bulliciosos mercados y elegantes salones, se convirtió en el epicentro del comercio de Habanos. La ciudad albergaba numerosas fábricas de puros, donde artesanos altamente calificados, conocidos como torcedores, enrollaban meticulosamente cada puro a mano.

El proceso de producción de un Habano es un arte que ha sido perfeccionado a lo largo de los siglos. Cada etapa del proceso, desde la selección de las semillas hasta el enrollado final, requiere una atención meticulosa al detalle. Las hojas de tabaco se cultivan en las fértiles tierras de Vuelta Abajo, donde el clima y el suelo proporcionan las condiciones ideales para el crecimiento del tabaco. Después de la cosecha, las hojas se secan en casas de tabaco, conocidas como casas de curado, donde se someten a un proceso de fermentación que mejora su sabor y aroma.

Una vez que las hojas han sido fermentadas y seleccionadas, se envían a las fábricas de puros en La Habana, donde los torcedores las transforman en Habanos. El arte de enrollar un Habano es una habilidad que se transmite de generación en generación. Los torcedores combinan diferentes tipos de hojas de tabaco para crear un equilibrio perfecto de sabores y aromas. Cada puro se enrolla a mano con precisión y cuidado, asegurando que cumpla con los estrictos estándares de calidad que definen a un Habano.

La importancia cultural y económica de los Habanos en Cuba no puede subestimarse. Los puros se convirtieron en un símbolo de la identidad cubana y en una fuente de orgullo nacional. La industria del tabaco proporcionó empleo a miles de cubanos y generó una considerable riqueza para la isla. La Habana, con sus elegantes fábricas de puros y animados salones de fumadores, se convirtió en un destino obligado para los aficionados al tabaco de todo el mundo.

El éxito de los Habanos también atrajo la atención de figuras históricas y celebridades. Personalidades como Winston Churchill, Ernest Hemingway y John F. Kennedy eran conocidos por su amor por los puros cubanos. Churchill, en particular, era un ávido

Figura 3: Winston Churchill's - Romeo y Julieta

fumador de Habanos y su preferencia por los puros Romeo y Julieta ayudó a consolidar la fama de esta marca. Según una anécdota popular, durante la Segunda Guerra Mundial, Churchill ordenó un suministro especial de Habanos para asegurarse de que nunca se quedara sin su querido tabaco, incluso en tiempos de crisis.

La Revolución Cubana de 1959 tuvo un impacto significativo en la industria del Habano. Tras la revolución, el gobierno de Fidel Castro nacionalizó todas las fábricas de puros y plantaciones de tabaco. Aunque esta medida llevó a cambios en la administración y producción, la calidad y reputación de los Habanos se mantuvo. El gobierno cubano estableció la empresa estatal "Cubatabaco", encargada de gestionar la producción y exportación de puros. A pesar del embargo comercial impuesto por Estados Unidos en 1962, los Habanos continuaron siendo altamente valorados en los mercados internacionales.

La década de 1990 fue un período de renacimiento para la industria del Habano. Con la caída de la Unión Soviética y el fin del apoyo económico de los países del bloque comunista, Cuba enfrentó una grave crisis económica. En respuesta, el gobierno cubano buscó revitalizar la industria del tabaco como una fuente crucial de ingresos. Se llevaron a cabo reformas para mejorar la eficiencia y la calidad de la producción de puros. La creación de la Corporación Habanos S.A. en 1994 marcó un nuevo capítulo en la promoción y distribución de los Habanos en todo el mundo.

Hoy en día, los Habanos continúan siendo un símbolo de lujo y sofisticación. La tradición y el arte de la producción de Habanos se mantienen vivos gracias a los torcedores cubanos, que siguen aplicando los métodos y técnicas perfeccionados a lo largo de los siglos. Marcas icónicas como Cohiba, Montecristo y Trinidad, que se originaron en el siglo XX, han reforzado la reputación de los Habanos como los mejores puros del mundo.

El prestigio de los Habanos se debe en gran medida a la calidad inigualable del tabaco cubano. La combinación única de clima, suelo y experiencia en cultivo ha permitido a Cuba producir tabaco de una calidad excepcional. Cada hoja de tabaco utilizada en un Habano se selecciona cuidadosamente y se somete a un riguroso proceso de control de calidad para garantizar que solo las mejores hojas se utilicen en la producción.

La historia del Habano está llena de anécdotas y figuras fascinantes que han contribuido a su leyenda. Una de las historias más emblemáticas es la de Diego Rodríguez de Silva y Velázquez, el famoso pintor español del Siglo de Oro, que inmortalizó en sus cuadros la vida cotidiana de la época, incluyendo la presencia del tabaco. Aunque no se sabe con certeza si Velázquez fumaba puros, sus obras reflejan la importancia del tabaco en la cultura española de su tiempo.

Otra figura destacada es el escritor estadounidense Ernest Hemingway, quien pasó gran parte de su vida en Cuba y era un gran aficionado a los Habanos. Hemingway frecuentaba la fábrica de

Partagás en La Habana, donde solía conversar con los torcedores y aprender sobre el arte de hacer puros. En sus escritos, Hemingway a menudo mencionaba su amor por los puros cubanos, y su legado ha contribuido a la mística del Habano.

El impacto cultural de los Habanos se extiende más allá de las fronteras de Cuba. En Europa, los Habanos se convirtieron en un símbolo de sofisticación y buen gusto. Durante el siglo XIX, las casas de tabaco en Londres, París y otras ciudades europeas importaban grandes cantidades de Habanos para satisfacer la demanda de la élite. La influencia de los Habanos en la cultura europea se refleja en la literatura, el arte y la moda de la época.

En la actualidad, los Habanos siguen siendo un producto codiciado en todo el mundo. Los eventos y festivales dedicados a los puros, como el Festival del Habano en La Habana, atraen a aficionados y expertos de todas partes. Estos eventos celebran la rica historia y tradición de los Habanos, ofreciendo a los asistentes la oportunidad de conocer a los torcedores, visitar plantaciones y fábricas, y degustar los mejores puros del mundo.

El mercado de los Habanos también ha evolucionado para adaptarse a las demandas contemporáneas. La innovación en los procesos de cultivo y producción, así como el desarrollo de nuevas marcas y mezclas, ha permitido a la industria del Habano mantenerse relevante y competitiva. A pesar de los desafíos económicos y políticos, los Habanos siguen siendo un símbolo de excelencia y tradición. La preservación de la tradición del Habano es una prioridad para Cuba.

Las escuelas de torcedores, donde se entrenan a nuevos artesanos en el arte de enrollar puros, aseguran que las técnicas y conocimientos ancestrales se transmitan a las futuras generaciones. Estos torcedores son verdaderos artistas, cuya habilidad y dedicación son fundamentales para la continuidad de la calidad y prestigio de los Habanos.

En conclusión, el nacimiento del Habano es una historia de dedicación, innovación y excelencia. Desde las primeras plantaciones de tabaco en Vuelta Abajo hasta las modernas fábricas de puros en La Habana, la historia del Habano está llena de personajes y eventos que han contribuido a su leyenda. Los Habanos no son solo un producto de lujo; son una manifestación de la rica cultura y tradición de Cuba. A medida que la industria del Habano continúa evolucionando, su legado perdura, capturando la imaginación y el aprecio de aficionados en todo el mundo.

III

La Edad de Oro del Habano

La Edad de Oro del Habano abarca un período histórico crucial durante el cual el puro cubano alcanzó niveles sin precedentes de reconocimiento y prestigio mundial. Este capítulo explorará los factores que contribuyeron a este apogeo, destacando eventos clave, personajes influyentes y anécdotas fascinantes que han dejado una marca imborrable en la historia de los Habanos. La intersección de la calidad artesanal, las innovaciones comerciales y los cambios sociales y políticos de la época configuraron un legado que aún perdura.

El siglo XIX marcó el inicio de una transformación significativa en la industria del tabaco cubano. Con la abolición del monopolio de la Real Compañía de Comercio de La Habana en 1817, los productores de tabaco cubanos ganaron una mayor libertad para comercializar sus productos. Esta liberalización permitió una expansión del cultivo y la producción de tabaco en regiones como Vuelta Abajo, conocida por su suelo fértil y condiciones climáticas ideales. Esta región pronto se convirtió en el epicentro de la producción de tabaco de alta calidad en Cuba.

La calidad del tabaco cubano, combinada con la habilidad de los torcedores locales, resultó en puros excepcionales que comenzaron a ganar reconocimiento mundial. La fundación de algunas de las marcas más icónicas de Habanos durante este período contribuyó enormemente a su prestigio. En 1845, Jaime Partagás, un inmigrante español, estableció la fábrica de puros Partagás en La Habana. La marca Partagás se destacó por sus métodos innovadores de cultivo y producción, y pronto se ganó una reputación por sus puros ricos y complejos. Jaime Partagás no solo fue un pionero en la industria del tabaco, sino también un personaje fascinante con un trágico final. Fue asesinado en su propia plantación, un evento que agregó una capa de misticismo a su legado.

Otro nombre prominente en la historia del Habano es el de la marca H. Upmann, fundada en 1844 por el banquero alemán Herman Upmann. Upmann fue uno de los primeros en utilizar cajas de madera selladas con su logotipo para proteger la frescura de los puros durante el transporte. Este enfoque innovador no solo aseguró la calidad de sus productos, sino que también estableció un estándar para la industria. H. Upmann rápidamente se convirtió en una marca reconocida y apreciada por aficionados al tabaco en todo el mundo.

La marca Romeo y Julieta, establecida en 1875, también desempeñó un papel crucial en la Edad de Oro del Habano. Inspirada en la famosa obra de William Shakespeare, la marca se destacó por su marketing creativo y su compromiso con la calidad. Según la leyenda, uno de los mayores aficionados de Romeo y Julieta fue Winston Churchill, cuya preferencia por esta marca ayudó a consolidar su prestigio. De hecho, la vitola de mayor tamaño de Romeo y Julieta lleva su nombre en honor a este estadista británico.

El auge de estas grandes marcas coincidió con un período de prosperidad económica en Cuba. La isla se convirtió en un centro de comercio y cultura, atrayendo a inmigrantes de todo el mundo que contribuían al crecimiento de la industria del tabaco. La Habana, con sus bulliciosos mercados y elegantes salones, se transformó en el epicentro del comercio de Habanos. Las fábricas de puros proliferaron, cada una con su propia historia y tradición. Entre las más notables se encontraba la fábrica La Corona, establecida en 1842, que producía algunos de los puros más finos y populares de la época.

La importancia de la exportación de tabaco para la economía cubana no puede subestimarse. En la segunda mitad del siglo XIX, los Habanos se convirtieron en uno de los principales productos de exportación de Cuba, generando ingresos significativos y consolidando la posición de la isla como un líder mundial en la producción de tabaco. Los puros cubanos eran especialmente populares en Europa y América del Norte, donde se les consideraba un símbolo de lujo y sofisticación. La demanda de Habanos impulsó la expansión de las plantaciones de tabaco y la construcción de nuevas fábricas, generando empleo para miles de cubanos.

El proceso de producción de un Habano durante la Edad de Oro era un arte meticuloso que requería una atención cuidadosa en cada etapa. Las hojas de tabaco se cultivaban en las fértiles tierras de

Vuelta Abajo, donde el clima y el suelo proporcionaban las condiciones ideales para el crecimiento del tabaco. Después de la cosecha, las hojas se secaban en casas de tabaco, conocidas como casas de curado, donde se sometían a un proceso de fermentación que mejoraba su sabor y aroma. Este proceso de fermentación, que podía durar varios meses, era crucial para desarrollar los sabores complejos que caracterizan a los Habanos. Una vez fermentadas, las hojas de tabaco se clasificaban según su tamaño, color y textura, y se seleccionaban las mejores para la producción de puros. En las fábricas de puros, los torcedores jugaban un papel fundamental en la creación de los Habanos. Estos artesanos altamente calificados combinaban diferentes tipos de hojas de tabaco para crear un equilibrio perfecto de sabores y aromas. Cada puro se enrollaba a mano con precisión y cuidado, siguiendo técnicas tradicionales que habían sido perfeccionadas a lo largo de los siglos. Los torcedores utilizaban una hoja de capa, la hoja exterior que daba al puro su apariencia final, y la combinaban con una hoja de capote y hojas de tripa, que formaban el núcleo del puro. El resultado era un Habano perfectamente equilibrado, con una construcción impecable y un sabor excepcional.

La excelencia de los Habanos también se reflejaba en su presentación. Las cajas de puros se diseñaban con esmero, utilizando maderas finas y decoraciones elaboradas. Las etiquetas y vitolas, adornadas con colores brillantes y detalles dorados, se convirtieron en una marca de distinción. Esta atención al detalle en la presentación ayudó a establecer a los Habanos como un símbolo de lujo y sofisticación.

El impacto cultural de los Habanos se extendió más allá de las fronteras de Cuba. En Europa y América del Norte, los Habanos se convirtieron en un símbolo de estatus y buen gusto. Durante el siglo XIX, los salones de fumadores y los clubes de caballeros en Londres, París y Nueva York eran frecuentados por hombres de negocios, políticos y artistas que disfrutaban de los Habanos mientras discutían asuntos de importancia. La presencia de Habanos en estos círculos sociales ayudó a consolidar su reputación como el mejor tabaco del mundo.

La literatura y el arte de la época también reflejaban la popularidad de los Habanos. Escritores como Rudyard Kipling y Oscar Wilde mencionaban los Habanos en sus obras, destacando su popularidad entre las clases altas. Kipling, en su poema "The Betrothed," escribió: "Un buen cigarro es una compañía completa," capturando la esencia del aprecio por los puros cubanos. Wilde, conocido por su ingenio y su estilo de vida extravagante, también era un ávido fumador de Habanos y a menudo se le veía con un puro en la mano en los salones de Londres.

Las exposiciones universales y ferias internacionales de la época también desempeñaron un papel crucial en la promoción de los Habanos. En la Exposición Universal de París de 1889, los puros cubanos recibieron numerosos premios y reconocimientos por su calidad. Estas exposiciones ofrecían una plataforma para que los productores de Habanos mostraran sus productos a una audiencia global, lo que ayudó a aumentar la demanda y el prestigio de los puros cubanos.

La influencia de los Habanos también se extendió al ámbito político. En 1898, durante la Guerra Hispano-estadounidense, el tabaco cubano desempeñó un papel simbólico en la lucha por la independencia de Cuba. Los patriotas cubanos, conocidos como mambises, a menudo se retrataban fumando puros, lo que se convirtió en un símbolo de resistencia y determinación. Tras la independencia de Cuba en 1902, los Habanos siguieron siendo un símbolo de orgullo nacional y una importante fuente de ingresos para la economía del país.

El siglo XX trajo consigo nuevos desafíos y oportunidades para la industria del Habano. La Revolución Cubana de 1959 y la posterior nacionalización de las fábricas de puros tuvieron un impacto significativo en la producción y comercialización de Habanos. A pesar de estos cambios, la calidad y reputación de los Habanos se mantuvieron intactas. El gobierno cubano estableció la empresa estatal Cubatabaco, encargada de gestionar la producción y exportación de puros. A pesar del embargo comercial impuesto por Estados Unidos en 1962, los Habanos continuaron siendo altamente valorados en los mercados internacionales.

En las décadas posteriores, la industria del Habano experimentó un renacimiento. Con la creación de la Corporación Habanos S.A. en 1994, se implementaron nuevas estrategias para mejorar la eficiencia y calidad de la producción de puros. Esta empresa estatal se encargó de la promoción y distribución de los Habanos en todo el mundo, asegurando que los puros cubanos mantuvieran su posición de liderazgo en el mercado global.

IV

Los Puros en España: Historia y Desarrollo

La historia del tabaco y los puros en España es un viaje fascinante que se entrelaza con la expansión del Imperio Español y su influencia global. Desde el descubrimiento del Nuevo Mundo y la introducción del tabaco en Europa hasta el establecimiento de una floreciente industria del puro en la Península Ibérica, este capítulo explora los orígenes, desarrollo y consolidación de los puros en España. Los eventos históricos, personajes clave y anécdotas significativas se entrelazan para ofrecer una visión completa de cómo los puros se convirtieron en una parte integral de la cultura española.

El viaje del tabaco a España comenzó con el descubrimiento del Nuevo Mundo por Cristóbal Colón en 1492. Durante su primer viaje, Colón y su tripulación observaron a los nativos de la isla de Guanahaní, actual San Salvador, usando hojas secas de tabaco en sus rituales. Fascinados por esta planta desconocida, Colón llevó muestras de tabaco de vuelta a España. En su diario, Colón escribió sobre el uso del tabaco por los nativos: "Los hombres de esta isla llevan un tizón encendido con el cual perfuman sus cuerpos y que usan para sanarse."

El tabaco rápidamente capturó la atención de la sociedad española. Al principio, fue recibido con curiosidad y escepticismo, pero pronto se convirtió en un producto popular. Los médicos de la época comenzaron a estudiar las propiedades del tabaco, considerándolo una planta medicinal con múltiples beneficios. Nicolás Monardes, médico y botánico español, fue uno de los primeros en documentar las propiedades medicinales del tabaco en su obra "Historia medicinal de las cosas que se traen de nuestras Indias Occidentales," publicada en 1574.

El uso del tabaco se extendió rápidamente entre la aristocracia y la realeza española. El rey Felipe II, conocido por su interés en la botánica y la medicina, promovió el cultivo del tabaco en España. Durante su reinado, se establecieron las primeras plantaciones de tabaco en las regiones de Andalucía y Extremadura. Estas regiones, con su clima cálido y suelo fértil, proporcionaban las condiciones ideales para el cultivo del tabaco.

El desarrollo de la industria del puro en España se aceleró en el siglo XVII. Los artesanos locales comenzaron a experimentar con diferentes técnicas de secado y fermentación para mejorar la calidad del tabaco. El arte de enrollar puros, una habilidad que se había perfeccionado en las colonias americanas, se trasladó a España. Los torcedores españoles adaptaron estas técnicas y desarrollaron sus propios métodos, lo que llevó a la creación de puros de alta calidad

La ciudad de Sevilla se convirtió en el epicentro de la producción de puros en España. En 1620, se estableció la Real Fábrica de Tabacos de Sevilla, una de las primeras fábricas de puros en Europa. La fábrica empleaba a cientos de torcedores, muchos de ellos mujeres, conocidas como cigarreras. Estas cigarreras jugaron un papel crucial en la producción de puros y se convirtieron en figuras icónicas en la cultura popular española. Prosper Mérimée, en su famosa novela "Carmen," inmortalizó la imagen de la cigarrera sevillana, destacando su habilidad y encanto.

La Real Fábrica de Tabacos de Sevilla no solo fue un centro de producción, sino también un símbolo de la innovación y el desarrollo en la industria del tabaco. La fábrica introdujo nuevas técnicas de fermentación y secado que mejoraron la calidad del tabaco español. Además, la proximidad de Sevilla al puerto facilitó la exportación de puros a otros países europeos y a las colonias españolas en América. Esta expansión comercial consolidó la reputación de los puros españoles en el mercado global.

Durante el siglo XVIII, el tabaco se convirtió en una importante fuente de ingresos para el Imperio Español. La Corona española estableció monopolios sobre la producción y venta de tabaco, lo que permitió un control más efectivo sobre su calidad y distribución. El Monopolio del Tabaco, administrado por la Real Renta de Tabacos, regulaba todas las etapas de la producción, desde el cultivo hasta la venta al por menor. Este monopolio garantizaba que solo el tabaco de la más alta calidad llegara al mercado, lo que aumentaba su prestigio y demanda.

Figura 4: Mujer Cigarrera - Real Fábrica de Tabacos de Sevilla

El auge de los puros españoles también atrajo la atención de escritores y artistas de la época. El poeta y dramaturgo español Félix Lope de Vega mencionaba el tabaco en sus obras, reflejando su popularidad en la sociedad española. En una de sus comedias, Lope de Vega escribió: "El tabaco, un placer que alivia las penas y da alas a la imaginación." Esta referencia literaria destaca cómo el tabaco había sido integrado en la vida cotidiana y cultural de España.

El siglo XIX fue un período de transformación y consolidación para la industria del puro en España. La Guerra de la Independencia Española (1808-1814) y las guerras napoleónicas tuvieron un impacto significativo en la producción y comercio de tabaco. Sin embargo, a pesar de estos desafíos, la industria del tabaco en España se recuperó y continuó creciendo. En 1821, se estableció la Fábrica de Tabacos de Cádiz, que se convirtió en otro importante centro de producción de puros en España.

La Revolución Industrial también influyó en el desarrollo de la industria del puro en España. La introducción de nuevas tecnologías y métodos de producción permitió una mayor eficiencia y calidad en la fabricación de puros. Las fábricas de puros comenzaron a utilizar máquinas para cortar y enrollar el tabaco, lo que aumentó la producción y redujo los costos. Sin embargo, a pesar de estas innovaciones, la habilidad y destreza de los torcedores seguían siendo fundamentales para la creación de puros de alta calidad.

El auge de las grandes marcas de puros en el siglo XIX coincidió con un período de prosperidad económica en España. La demanda de puros españoles creció tanto en el mercado interno como en el internacional. Los puros españoles eran especialmente populares en América Latina, donde se les consideraba un símbolo de lujo y sofisticación. La influencia de los puros españoles en la cultura latinoamericana se refleja en la literatura y el arte de la región. El escritor cubano José Martí, en uno de sus ensayos, elogió la calidad de los puros españoles, describiéndolos como "una obra de arte que combina sabor, aroma y elegancia."

El impacto de los puros españoles también se extendió al ámbito político. Durante el siglo XIX, el tabaco se convirtió en una importante fuente de ingresos para el gobierno español. Los impuestos sobre el tabaco generaban una considerable cantidad de ingresos, lo que permitió al gobierno financiar diversas iniciativas y proyectos. Además, los puros españoles se utilizaban a menudo como regalos diplomáticos, lo que ayudaba a fortalecer las relaciones internacionales y promover la imagen de España en el extranjero.

La importancia cultural de los puros en España se refleja en las numerosas festividades y celebraciones dedicadas al tabaco. En muchas regiones de España, especialmente en Andalucía, se celebran ferias y festivales donde el tabaco y los puros son los protagonistas. Estos eventos no solo celebran la tradición del tabaco, sino que también promueven la cultura local y atraen a turistas de todo el mundo.

A medida que avanzaba el siglo XX, la industria del puro en España continuó evolucionando. La Guerra Civil Española (1936-1939) y la posterior dictadura de Francisco Franco tuvieron un impacto significativo en la producción y comercio de tabaco. Durante este período, la industria del tabaco enfrentó numerosos desafíos, incluyendo la escasez de materias primas y la imposición de restricciones comerciales. Sin embargo, a pesar de estos obstáculos, la industria del puro en España se mantuvo resiliente y continuó produciendo puros de alta calidad.

El fin de la dictadura y la transición a la democracia en la década de 1970 marcaron el comienzo de una nueva era para la industria del puro en España. La liberalización del mercado y la apertura a la competencia internacional permitieron una mayor innovación y diversificación en la producción de puros. Las fábricas de puros comenzaron a experimentar con nuevas variedades de tabaco y técnicas de fermentación, lo que llevó a la creación de puros con sabores y aromas únicos.

En las últimas décadas, la industria del puro en España ha experimentado un renacimiento. La demanda de puros de alta calidad ha crecido tanto en el mercado interno como en el internacional. Los puros españoles se consideran entre los mejores del mundo y son apreciados por su calidad y artesanía. Marcas como Montecristo, Cohiba y Partagás, aunque originarias de Cuba, han encontrado en España un mercado floreciente y han contribuido al prestigio de los puros españoles.

La influencia de los puros españoles en la cultura contemporánea es innegable. Los eventos y festivales dedicados a los puros, celebran la rica historia y tradición de los puros españoles, ofreciendo a los asistentes la oportunidad de conocer a los torcedores, visitar plantaciones y fábricas, y degustar los mejores puros del mundo.

En resumen, la historia de los puros en España es una historia de descubrimiento, innovación y excelencia. Desde la introducción del tabaco en Europa por Cristóbal Colón hasta el establecimiento de una floreciente industria del puro en la Península Ibérica, los puros españoles han dejado una marca indeleble en la cultura y economía del país. A medida que la industria del puro en España continúa evolucionando, su legado perdura, capturando la imaginación y el aprecio de aficionados en todo el mundo.

V

La cultura del puro: Ritual y Estilo de vida

La cultura del puro es una rica y compleja tradición que abarca más que el mero acto de fumar tabaco. Es un ritual, una forma de arte y un símbolo de estatus que ha evolucionado a lo largo de los siglos. Desde las ceremonias espirituales de las antiguas civilizaciones hasta los clubes exclusivos y eventos de alta sociedad de hoy en día, la cultura del puro ha dejado una huella indeleble en la historia y la sociedad.

El puro ha sido históricamente un símbolo de estatus y lujo. A principios del siglo XVII, la élite europea adoptó el hábito de fumar tabaco como una marca de sofisticación. Aristócratas y figuras prominentes de la sociedad se reunían en salones para fumar y discutir asuntos importantes. Estos encuentros se convirtieron en una parte esencial de la vida social de la nobleza. En la literatura de la época, como las obras de Molière y Voltaire, se encuentran numerosas referencias al uso del tabaco, lo que refleja su integración en la vida cotidiana y en la cultura de la alta sociedad.

En el siglo XIX, el puro se consolidó como un símbolo de poder y prestigio. Durante esta época, el proceso de fabricación del puro se refinó y se estandarizó, y surgieron marcas que se convirtieron en sinónimo de calidad y lujo. Los puros eran apreciados no solo por su sabor y aroma, sino también por el ritual asociado a su consumo. Este ritual comenzaba con la selección del puro adecuado, un acto que requería conocimiento y discernimiento. Los aficionados debían considerar factores como la procedencia del tabaco, la vitola y la marca.

El ritual de fumar un puro es una experiencia sensorial y deliberada que involucra varios pasos meticulosos. Primero, el corte del puro debe realizarse con precisión para asegurar una buena circulación del aire. Luego, el encendido del puro es un proceso cuidadoso que requiere paciencia; se recomienda usar un fósforo de cedro o un encendedor de gas para evitar alterar el sabor del tabaco. Una vez encendido, fumar un puro implica una serie de bocanadas lentas y reflexivas, permitiendo que el fumador disfrute plenamente de los complejos sabores y aromas del tabaco. Este proceso puede durar desde una hora hasta varias horas, dependiendo del tamaño del puro.

El entorno en el que se fuma un puro también es parte integral de la experiencia. Los clubes de puros surgieron en el siglo XIX y se han mantenido como epicentros de la cultura del puro. Estos clubes proporcionan un ambiente elegante y relajado donde los miembros pueden disfrutar de sus puros en compañía de otros aficionados. Los clubes de puros más exclusivos, como el Cigar Club de Londres o el Grand Havana Room en Nueva York, ofrecen una atmósfera de lujo y sofisticación, con cómodas salas de estar, bibliotecas bien surtidas y una selección de los mejores licores.

La importancia del puro en la vida social y cultural también se refleja en las reuniones y eventos dedicados a su disfrute. Festivales como el Festival del Habano en Cuba o el Big Smoke en Las Vegas atraen a miles de aficionados de todo el mundo. Estos eventos celebran la historia y la artesanía del puro, ofreciendo a los asistentes la oportunidad de conocer a los fabricantes, participar en talleres y degustar una amplia variedad de puros. Durante estos festivales, se llevan a cabo concursos y subastas de puros raros, lo que añade un elemento de emoción y exclusividad al evento.

El puro también ha dejado una huella significativa en la literatura y el cine. En la literatura, escritores como Ernest Hemingway y Mark Twain eran conocidos por su amor por los puros, y sus obras a menudo reflejan esta afición. Hemingway, en particular, disfrutaba de fumar puros mientras escribía, y este hábito se convirtió en una parte esencial de su rutina creativa. En el cine, el puro ha sido utilizado para definir personajes y establecer el tono de las escenas. Personajes icónicos como Vito Corleone en "El Padrino" y Tony Montana en "Scarface" se asocian a menudo con el puro, simbolizando poder y autoridad.

Además de su asociación con el lujo y el estatus, el puro tiene un papel importante en la cultura empresarial. En muchas negociaciones y reuniones importantes, fumar un puro puede servir como una forma de establecer camaradería y confianza entre las partes. El ambiente relajado y la atmósfera de lujo que crea el acto de fumar un puro pueden ayudar a romper el hielo y facilitar la comunicación. Muchos acuerdos empresariales se han sellado en salones de puros, donde el ritual de fumar se convierte en parte del proceso de negociación.

La cultura del puro también ha influido en la moda y el diseño. Los accesorios para puros, como cortadores, encendedores y humidificadores, se han convertido en objetos de diseño en sí mismos. Marcas de lujo como Dunhill y S.T. Dupont han creado líneas exclusivas de accesorios para puros que combinan funcionalidad con elegancia. Estos accesorios no solo mejoran la experiencia de fumar, sino que también reflejan el estatus y el gusto del aficionado.

El puro ha mantenido su relevancia en la cultura popular contemporánea. Celebridades y figuras públicas a menudo se fotografían con puros, reforzando su imagen de sofisticación y éxito. Por ejemplo, actores como Arnold Schwarzenegger y Jack Nicholson son conocidos por su amor por los puros y a menudo se les ve disfrutándolos en eventos públicos. Estas imágenes contribuyen a perpetuar la asociación del puro con el glamour y el estatus.

En la actualidad, la cultura del puro sigue evolucionando. La globalización ha llevado a una mayor diversidad en la producción y consumo de puros. Países como Nicaragua, Honduras y la República Dominicana han emergido como importantes productores de puros, ofreciendo nuevas opciones a los aficionados. Esta diversidad ha enriquecido la cultura del puro, proporcionando una mayor variedad de sabores y estilos para explorar.

La educación y la formación son también aspectos importantes de la cultura del puro. Los aficionados serios a menudo buscan aprender más sobre la historia, la producción y las características de los diferentes puros. La industria del tabaco ofrece numerosos recursos, incluyendo revistas especializadas como "Cigar Aficionado," cursos de formación y eventos educativos. Estas oportunidades permiten a los aficionados profundizar su conocimiento y apreciación del puro.

La sostenibilidad y la responsabilidad social se han convertido en temas importantes en la industria del tabaco. Los productores de puros están cada vez más comprometidos con prácticas sostenibles que protejan el medio ambiente y apoyen a las comunidades locales. Muchas plantaciones de tabaco han adoptado métodos de cultivo orgánico y han implementado programas de desarrollo comunitario para mejorar las condiciones de vida de los trabajadores. Estas iniciativas reflejan un compromiso con la preservación del legado del puro y la creación de un futuro más sostenible para la industria.

El impacto económico de la industria del puro no puede subestimarse. La producción de puros proporciona empleo a miles de personas y genera ingresos significativos para las economías locales. La exportación de puros a mercados internacionales ha contribuido a fortalecer la balanza comercial de muchos países productores y ha promovido la imagen de estos países como líderes en la producción de tabaco de alta calidad.

El disfrute de un puro es una experiencia que involucra todos los sentidos. El aroma del tabaco, el sabor complejo y el humo denso crean una atmósfera única que invita a la relajación y la reflexión. Los aficionados al puro a menudo describen el acto de fumar como un momento de pausa en el que pueden desconectarse del ajetreo diario y disfrutar del presente. Esta dimensión ritual y sensorial del puro es parte de lo que lo hace tan especial para quienes lo aprecian.

El puro también ha encontrado su lugar en la gastronomía y la enología. La combinación de puros con bebidas como el whisky, el coñac y el vino ha creado una nueva dimensión de disfrute. Las catas de puros, similares a las catas de vino, se han convertido en eventos populares donde los aficionados pueden explorar los matices de diferentes puros y aprender a maridarlos con diversas bebidas. Estas catas no solo ofrecen una oportunidad para degustar puros de alta calidad, sino también para socializar y compartir experiencias con otros entusiastas.

El puro, más que cualquier otro producto del tabaco, ha cultivado una cultura de apreciación y ritual que lo distingue. La preservación de la tradición del puro es una prioridad para muchos productores de tabaco. Las escuelas de torcedores, donde se entrenan a nuevos artesanos en el arte de enrollar puros, aseguran que las técnicas y conocimientos ancestrales se transmitan a las futuras generaciones.

Estos torcedores son verdaderos artistas, cuya habilidad y dedicación son fundamentales para la continuidad de la calidad y prestigio de los puros.

La influencia del puro en la cultura empresarial sigue siendo fuerte. En muchas culturas, compartir un puro es una forma de celebrar el cierre de un trato o la conclusión exitosa de una negociación. Este acto simboliza confianza mutua y respeto, y refuerza los lazos entre las partes. En algunos círculos empresariales, el puro es visto como un símbolo de éxito y logro, y fumar un puro se convierte en una forma de señalar la conclusión de un objetivo importante.

El impacto cultural del puro también se manifiesta en su presencia en las artes. En la música, el jazz y el blues, géneros asociados con el lujo y la sofisticación, han adoptado el puro como un símbolo recurrente. Músicos como Miles Davis y John Coltrane eran conocidos por disfrutar de puros, y esta afición se refleja en la atmósfera relajada y sofisticada de sus actuaciones. En la pintura y la escultura, el puro ha sido representado como un símbolo de poder y autoridad, con artistas utilizando su imagen para explorar temas de estatus y prestigio.

La sostenibilidad y la responsabilidad social han ganado importancia en la industria del tabaco. Los productores de puros están adoptando prácticas sostenibles que minimizan el impacto ambiental y apoyan a las comunidades locales. Muchas plantaciones de tabaco están implementando métodos de cultivo orgánico y programas de desarrollo comunitario para mejorar las condiciones de vida de los trabajadores. Estas iniciativas reflejan un compromiso con la preservación del legado del puro y la creación de un futuro más sostenible para la industria.

El futuro de la cultura del puro parece prometedor, con una creciente comunidad de aficionados y una industria comprometida con la calidad y la sostenibilidad. Los eventos y festivales dedicados a los puros continúan atrayendo a una audiencia global, y la educación y la formación en la apreciación del puro siguen expandiéndose. La cultura del puro, con su rica historia y su enfoque en el ritual y el estilo de vida, continúa capturando la imaginación y el aprecio de personas en todo el mundo.

En conclusión, la cultura del puro es una rica tradición que abarca rituales, estatus social y un estilo de vida distintivo. Desde sus orígenes en las ceremonias espirituales de las antiguas civilizaciones hasta su evolución en un símbolo de lujo y sofisticación, el puro ha dejado una marca indeleble en la historia y la cultura global. A través de los siglos, el puro ha sido apreciado no solo por su sabor y aroma, sino también por la experiencia sensorial y el ritual que lo acompaña. A medida que la industria del puro continúa evolucionando, su legado perdura, capturando la imaginación y el aprecio de aficionados en todo el mundo.

VI

Los Habanos y los Puros Españoles en el siglo XXI

La industria del tabaco ha experimentado cambios significativos en el siglo XXI, y los Habanos y puros españoles no son la excepción. A medida que las preferencias de los consumidores evolucionan y las regulaciones cambian, tanto en Cuba como en España, los productores de puros han tenido que adaptarse para mantener su relevancia y competitividad en el mercado global. Este capítulo explora cómo los Habanos y los puros españoles han enfrentado estos desafíos y se han reinventado para seguir siendo sinónimos de calidad y lujo en el mundo contemporáneo.

La llegada del siglo XXI trajo consigo una serie de retos y oportunidades para la industria del tabaco. En Cuba, la apertura económica y las reformas implementadas bajo el liderazgo de Raúl Castro en la década de 2010 permitieron una mayor flexibilidad en la gestión de empresas y la atracción de inversiones extranjeras. En este contexto, la empresa Habanos S.A., responsable de la comercialización de los puros cubanos a nivel mundial, reforzó su posición en el mercado a través de estrategias de marketing innovadoras y el lanzamiento de nuevas marcas y ediciones limitadas.

Un ejemplo destacado de esta estrategia es el lanzamiento de la línea "Cohiba Behike" en 2010, considerada una de las más exclusivas y costosas del mercado. Cada uno de estos puros se elabora con una selección especial de hojas de tabaco, incluyendo la "Medio Tiempo," una hoja rara y excepcionalmente potente que añade complejidad y profundidad al sabor. Según José María López Inchaurbe, vicepresidente de desarrollo de Habanos S.A., "la creación de la línea Behike fue un hito que demostró nuestra capacidad para innovar y ofrecer productos únicos a los aficionados más exigentes".

Otro factor clave en la evolución de los Habanos en el siglo XXI ha sido la apertura de nuevos mercados. A pesar del embargo de Estados Unidos, el mercado asiático, especialmente China, ha mostrado un creciente apetito por los puros cubanos. El aumento de la clase media y la creciente afluencia en países como China e India han creado una nueva base de consumidores que buscan productos de lujo como los Habanos. En 2019, Habanos S.A. reportó un crecimiento del 10% en las ventas en Asia, consolidando la región como uno de sus mercados más importantes. Mientras tanto, en España, la industria del puro ha seguido un camino paralelo pero distinto. España, con una larga tradición en la producción de tabaco, ha enfrentado sus propios desafíos en el siglo XXI. La competencia de otros productores de puros en América Latina y el Caribe, así como las estrictas regulaciones sobre el tabaco en la Unión Europea, han obligado a los productores españoles a innovar y adaptarse.

Una respuesta a estos desafíos ha sido la diversificación y la mejora continua de la calidad. Empresas como Tabacalera SL, una de las más antiguas y prestigiosas de España, han invertido en nuevas tecnologías y procesos para garantizar la calidad de sus productos. Según Emilio Escudero, director de producción de Tabacalera SL, "la clave para mantenernos competitivos en un mercado tan exigente es no solo mantener la calidad, sino también estar dispuestos a innovar y adaptarnos a las nuevas tendencias y preferencias de los consumidores".

Además de la calidad, la identidad y el patrimonio cultural de los puros españoles han jugado un papel crucial en su comercialización. Las regiones de Andalucía y Extremadura, conocidas por sus plantaciones de tabaco y fábricas de puros, han promovido activamente su herencia cultural. Eventos el Festival del Puro en Cádiz atraen a aficionados y expertos de todo el mundo, ofreciendo una plataforma para mostrar la rica tradición y la artesanía de los puros españoles. Estos eventos no solo celebran la historia del tabaco en España, sino que también sirven como espacios de networking y negocios para productores y distribuidores.

En cuanto al mercado interno, la demanda de puros premium ha mostrado un crecimiento constante en España. A pesar de las restricciones sobre el tabaco, el mercado de lujo ha demostrado ser resiliente. Los consumidores españoles, al igual que sus contrapartes globales, valoran la experiencia sensorial y el estatus asociado con el consumo de puros de alta calidad. La expansión de tiendas especializadas y lounges de puros en ciudades como Madrid y Barcelona ha facilitado el acceso a una amplia gama de productos, creando una cultura de apreciación y conocimiento entre los aficionados.

La sostenibilidad se ha convertido en un tema central tanto en la producción de Habanos como de puros españoles en el siglo XXI. Los productores están cada vez más conscientes de la necesidad de adoptar prácticas agrícolas sostenibles que protejan el medio ambiente y beneficien a las comunidades locales. En Cuba, iniciativas como la agricultura orgánica y los programas de desarrollo comunitario han sido implementadas en varias plantaciones de tabaco. Estas iniciativas no solo mejoran la calidad del producto final, sino que también promueven la responsabilidad social y ambiental.

En España, la sostenibilidad también ha ganado terreno. Las plantaciones de tabaco en Extremadura y Andalucía están adoptando prácticas de cultivo que minimizan el uso de pesticidas y promueven la biodiversidad. Además, las fábricas de puros están invirtiendo en tecnologías más eficientes y limpias para reducir su huella de carbono. Según Marta González, directora de sostenibilidad de una importante empresa de tabaco española, "nuestro compromiso con la sostenibilidad no es solo una responsabilidad moral, sino también una estrategia para asegurar la viabilidad a largo plazo de nuestra industria".

La innovación también ha sido un motor clave en la evolución de los puros en el siglo XXI. Los productores están experimentando con nuevas variedades de tabaco y técnicas de fermentación para crear productos únicos que atraigan a los consumidores modernos. En Cuba, la colaboración con científicos y agrónomos ha llevado al desarrollo de nuevos híbridos de tabaco que ofrecen perfiles de sabor innovadores. Estas iniciativas no solo diversifican la oferta de productos, sino que también demuestran el compromiso de la industria con la excelencia y la innovación.

En España, los productores están explorando el envejecimiento de tabaco en barricas de roble y la incorporación de sabores naturales durante el proceso de fermentación. Estas técnicas añaden una nueva dimensión de complejidad y sofisticación a los puros españoles, diferenciándolos en el mercado global. La introducción de ediciones limitadas y series especiales ha capturado la atención de los coleccionistas y aficionados, quienes buscan experiencias exclusivas y productos únicos.

El marketing y la promoción también han evolucionado en el siglo XXI. Las marcas de puros están utilizando las redes sociales y el marketing digital para llegar a una audiencia más amplia y diversa. Plataformas como Instagram y YouTube se han convertido en herramientas importantes para la promoción de productos, la educación del consumidor y la creación de comunidades de aficionados. Los influencers y expertos en tabaco juegan un papel crucial en la difusión de información y en la creación de tendencias dentro del mundo del puro.

El turismo relacionado con el tabaco ha emergido como una nueva oportunidad de crecimiento tanto en Cuba como en España. Los tours de plantaciones y fábricas de puros ofrecen a los visitantes una experiencia inmersiva que combina la educación con el disfrute. En Cuba, el recorrido por las plantaciones de Vuelta Abajo y las fábricas emblemáticas de La Habana permite a los turistas ver de primera mano el proceso de producción de los Habanos y conocer a los torcedores. Estos tours no solo generan ingresos adicionales, sino que también fortalecen la conexión emocional de los consumidores con la marca.

En España, las rutas del tabaco en Andalucía y Extremadura han ganado popularidad entre los turistas interesados en la historia y la cultura del tabaco. Estos recorridos incluyen visitas a plantaciones, talleres de fabricación de puros y catas guiadas, ofreciendo una visión completa de la tradición tabacalera española. La combinación de turismo cultural y gastronómico en estas regiones ha creado una oferta atractiva para los visitantes que buscan experiencias auténticas y enriquecedoras. La educación y la formación son aspectos fundamentales para el futuro de la industria del puro. Tanto en Cuba como en España, las escuelas de torcedores y los programas de formación en la producción de tabaco aseguran que las técnicas y conocimientos tradicionales se transmitan a las nuevas generaciones. Estos programas no solo preservan el legado cultural del tabaco, sino que también fomentan la innovación y la mejora continua.

En Cuba, la Escuela Internacional de Torcedores ha sido un pilar en la formación de artesanos altamente calificados que mantienen los estándares de calidad de los Habanos. Esta institución, reconocida mundialmente, ofrece programas intensivos que combinan teoría y práctica, preparando a los estudiantes para enfrentar los desafíos de la industria moderna. En España, iniciativas similares en regiones tabacaleras clave garantizan que la rica tradición de la fabricación de puros se mantenga viva y relevante.

El impacto de la pandemia de COVID-19 en la industria del tabaco no puede ser ignorado. Las restricciones globales y las interrupciones en la cadena de suministro presentaron desafíos significativos tanto para los productores de Habanos como de puros españoles. Sin embargo, la resiliencia de la industria y la capacidad de adaptación fueron evidentes. Muchos productores adoptaron rápidamente nuevas estrategias, como la venta en línea y la promoción digital, para llegar a los consumidores durante los periodos de confinamiento.

A medida que el mundo emerge de la pandemia, la industria del tabaco muestra signos de recuperación y crecimiento. La demanda de puros de alta calidad ha repuntado, y los consumidores buscan recuperar las experiencias sensoriales y sociales que se perdieron durante la crisis sanitaria. Los eventos de puros están volviendo a celebrarse, y los aficionados están ansiosos por reunirse y compartir su pasión por el tabaco.

El siglo XXI ha traído consigo una serie de cambios y desafíos para los Habanos y los puros españoles. Sin embargo, la industria ha demostrado una notable capacidad de adaptación e innovación. A través de la sostenibilidad, la diversificación, la educación y el marketing moderno, los productores han mantenido la relevancia y el prestigio de sus productos. La rica tradición de la producción de puros continúa evolucionando, y tanto en Cuba como en España, el futuro de los Habanos y los puros españoles parece brillante.

En conclusión, los Habanos y los puros españoles han navegado con éxito los desafíos del siglo XXI, adaptándose a nuevas realidades y aprovechando oportunidades emergentes. La combinación de innovación, calidad y sostenibilidad ha permitido a estos productos mantener su estatus como símbolos de lujo y sofisticación en el mercado global. A medida que la industria del tabaco continúa evolucionando, la rica tradición y el legado de los Habanos y los puros españoles seguirán siendo apreciados y celebrados por aficionados en todo el mundo.

VII

Conclusión: Herencia Viva del Puro

Fumar un puro es una experiencia sensorial que va más allá del simple acto de fumar tabaco. Es un ritual que invita a la relajación y la contemplación, convirtiendo momentos ordinarios en extraordinarios. Este ritual ha sido adoptado por personas de éxito y poder, quienes encuentran en el puro una fuente de calma y reflexión. El puro, con su rica historia y su complejidad, ofrece una pausa en el ajetreo de la vida moderna, permitiendo a los aficionados disfrutar de un momento de lujo y tranquilidad.

Los espacios dedicados al disfrute del puro también reflejan su estatus de lujo. Los clubes de puros y las salas de fumadores en hoteles de alta gama proporcionan un ambiente exclusivo donde los aficionados pueden disfrutar de sus puros en un entorno elegante y sofisticado. Estos lugares ofrecen comodidades como sillones de cuero, iluminación suave y una atmósfera de camaradería que encapsula la esencia del lujo asociado al puro. Estos espacios no solo son lugares para disfrutar de un puro, sino también centros de socialización y networking, donde se forjan conexiones y se celebran éxitos.

El puro también ha sido una fuente constante de inspiración en diversas formas de arte. En la literatura, por ejemplo, varios autores han encontrado en el puro una musa para su creatividad. Un reconocido escritor contemporáneo, conocido por sus novelas de misterio, ha mencionado en numerosas entrevistas cómo el acto de fumar un puro le ayuda a encontrar la concentración y la inspiración necesarias para escribir. Esta conexión entre el puro y la creatividad subraya la capacidad del puro para influir en el proceso artístico.

En el cine, el puro ha sido utilizado para definir personajes y establecer el tono de las escenas. Desde las películas de gánsteres hasta los dramas históricos, la imagen de un personaje fumando un puro añade una capa de sofisticación y autoridad. Un director de cine ganador de un Oscar mencionó en una entrevista que el puro es un recurso visual poderoso, capaz de comunicar lujo y poder con una simple bocanada de humo.

La música también ha sentido la influencia del puro. En géneros como el jazz y el blues, conocidos por su atmósfera relajada y sofisticada, el puro es un símbolo recurrente. Músicos de renombre han incorporado el puro en su imagen pública, y sus actuaciones a menudo están impregnadas de la misma elegancia y complejidad que se asocia con un buen puro. Un famoso saxofonista de jazz, por ejemplo, solía realizar sus conciertos con un puro encendido en el escenario, utilizando el humo para crear una atmósfera íntima y envolvente. El puro también ha dejado su huella en la moda y el diseño. Los accesorios para puros, como cortadores, encendedores y humidificadores, se han convertido en objetos de lujo que combinan funcionalidad y estilo.

Marcas de renombre han creado líneas exclusivas de estos accesorios, reflejando el estatus y el gusto del aficionado al puro. Estos accesorios no solo mejoran la experiencia de fumar, sino que también son símbolos de estilo y sofisticación.

En la cultura contemporánea, el puro sigue siendo un símbolo de éxito y glamour. Celebridades y figuras públicas a menudo se fotografían con puros, reforzando su imagen de éxito y lujo. Esta visibilidad en los medios de comunicación perpetúa la asociación del puro con el estatus y la sofisticación, atrayendo a nuevas generaciones de aficionados.

La globalización ha llevado a una mayor apreciación del puro en todo el mundo. Países emergentes han mostrado un creciente interés en los puros de alta calidad, y la demanda en estos mercados sigue aumentando. Esta expansión global ha permitido que la herencia del puro llegue a nuevas audiencias, enriqueciendo la cultura del puro con influencias y apreciaciones diversas. El puro se ha convertido en un puente cultural que conecta a personas de diferentes orígenes a través de un amor compartido por el tabaco de calidad.

La sostenibilidad y la responsabilidad social se han convertido en temas cruciales en la industria del tabaco. Los productores están adoptando prácticas agrícolas que protegen el medio ambiente y benefician a las comunidades locales. Plantaciones de tabaco están implementando métodos de cultivo orgánico y programas de desarrollo comunitario para mejorar las condiciones de vida de los trabajadores. Estas iniciativas no solo aseguran la calidad del producto final, sino que también demuestran un compromiso con la responsabilidad social y ambiental.

La educación y la formación son fundamentales para mantener viva la herencia del puro. Las escuelas de torcedores juegan un papel esencial en la transmisión de conocimientos y técnicas a las nuevas generaciones. Estos programas de formación aseguran que las habilidades artesanales se preserven y se perfeccionen, garantizando que los puros sigan siendo productos de la más alta calidad. La dedicación de los maestros torcedores y la pasión de los estudiantes por aprender este arte son testimonio de la vitalidad y la continuidad de la tradición del puro.

En conclusión, el puro es mucho más que un simple producto de tabaco. Es un símbolo de lujo y sofisticación, una fuente de inspiración y un emblema de una rica herencia cultural que continúa viva en el siglo XXI. La combinación de excelencia artesanal, innovación y sostenibilidad ha permitido que el puro mantenga su estatus como un símbolo de indulgencia y placer. A medida que la industria del tabaco sigue evolucionando, el puro continuará inspirando a generaciones de aficionados y creadores, manteniendo su lugar como una joya en el mundo del lujo y el arte.

VIII

Proceso de Cultivo y Producción

El proceso de cultivo y producción de puros habanos es un arte que ha sido perfeccionado a lo largo de los siglos en Cuba. La combinación de condiciones climáticas ideales, suelos fértiles y técnicas de producción meticulosas han dado lugar a algunos de los mejores puros del mundo. En este capítulo, exploraremos en profundidad las principales regiones tabacaleras de Cuba, el proceso detallado de cultivo del tabaco, las etapas críticas de fermentación, curado y envejecimiento, y finalmente, la elaboración del puro.

Regiones Tabacaleras de Cuba

Cuba es conocida mundialmente por la calidad de sus puros, y gran parte de esta reputación se debe a las características únicas de sus regiones tabacaleras. Cada una de estas regiones posee condiciones climáticas y de suelo que influyen directamente en el sabor y la calidad del tabaco. Las principales regiones tabacaleras de Cuba son Vuelta Abajo, Semi Vuelta, Partido y Oriente.

Comenzamos con **Vuelta Abajo** que es, sin duda, la región tabacalera más prestigiosa de Cuba y del mundo. Situada en la provincia de Pinar del Río, esta región ofrece las condiciones ideales para el cultivo de tabaco de alta calidad. Se encuentra en el extremo occidental de Cuba, en la provincia de Pinar del Río. La región tiene un clima subtropical con una estación seca bien definida y una temporada de lluvias que proporciona la humedad necesaria para el crecimiento del tabaco. Las temperaturas moderadas y las brisas suaves contribuyen a un ambiente ideal para el cultivo del tabaco. Los suelos de Vuelta Abajo son predominantemente aluviales, ricos en nutrientes y con una excelente capacidad de retención de agua. Estos suelos proporcionan los minerales necesarios para el desarrollo de hojas de tabaco robustas y aromáticas. Se cultivan varias variedades de tabaco, entre las más destacadas se encuentran el Corojo y el Criollo. El Corojo es altamente valorado para la capa, debido a su textura suave y su capacidad para desarrollar sabores complejos. El Criollo, por otro lado, es utilizado principalmente para la tripa y el capote, aportando cuerpo y aroma al puro.

Los agricultores de Vuelta Abajo utilizan técnicas tradicionales transmitidas de generación en generación. El uso de abonos orgánicos y métodos de cultivo sostenibles asegura la salud de las plantas y la calidad del producto final. La rotación de cultivos y el descanso de la tierra son prácticas comunes para mantener la fertilidad del suelo.

Tras conocer la región de Vuelta Abajo, pasamos a la región **Semi Vuelta**, también ubicada en la provincia de Pinar del Río, es conocida por la producción de hojas de tripa de alta calidad. Comparte muchas características climáticas con Vuelta Abajo, aunque sus suelos son ligeramente menos fértiles. La región experimenta temperaturas moderadas y una humedad adecuada para el cultivo de tabaco. Los suelos de Semi Vuelta son ligeramente menos ricos en nutrientes que los de Vuelta Abajo, pero aun así son adecuados para el cultivo de tabaco de alta calidad. La estructura del suelo permite una buena aireación y drenaje, esenciales para el crecimiento saludable de las plantas de tabaco. Se cultiva principalmente tabaco para la tripa, que es conocido por su buena combustibilidad y su capacidad para aportar cuerpo y sabor al puro.

Los agricultores de Semi Vuelta aplican técnicas similares a las de Vuelta Abajo, con un enfoque en la calidad y sostenibilidad. El control de plagas y enfermedades se realiza de manera natural, utilizando enemigos naturales y productos orgánicos.

Explicadas dos de las cuatro regiones tabacaleras cuba, encontramos una tercera región, denominada **Partido**, situada cerca de La Habana, es famosa por sus hojas de capa. Se beneficia de su proximidad al mar, lo que le proporciona un clima moderado con brisas frescas y una humedad constante, ideal para el cultivo de hojas de capa. Los suelos de Partido son menos profundos que los de Vuelta Abajo, pero son muy adecuados para la producción de hojas de capa debido a su textura ligera y su capacidad de drenaje. Estos suelos permiten el crecimiento de hojas finas y flexibles, esenciales para la capa de un puro.

La región de Partido se especializa en la producción de hojas de capa, utilizando variedades específicas como el Habana 2000 y el Criollo 98. Estas variedades son seleccionadas por su capacidad para producir hojas lisas y uniformes. Los cultivadores de Partido emplean técnicas avanzadas de cultivo y manejo postcosecha para asegurar que las hojas de capa sean de la más alta calidad. Esto incluye el manejo cuidadoso de la humedad y la luz durante el crecimiento y el curado.

Finalmente, la región de **Oriente**, aunque menos conocida que las otras, también produce tabaco de alta calidad utilizado en la tripa de los puros. Oriente tiene un clima más cálido y seco que las otras regiones tabacaleras de Cuba, encontrándose en la parte oriental de la isla y se beneficia de su proximidad al mar y sus montañas, que proporcionan un microclima único. Los suelos son variados, pero en general, son más ligeros y menos fértiles que los de Vuelta Abajo y Semi Vuelta. Sin embargo, estos suelos permiten la producción de tabaco con un perfil de sabor distintivo y una buena combustibilidad.

En Oriente se cultivan variedades que son más resistentes a las condiciones de sequía y al calor, como el Habano Criollo. Estas variedades son conocidas por su sabor intenso y su robustez. Los agricultores de Oriente adaptan sus técnicas de cultivo a las condiciones locales, utilizando métodos que conservan el agua y protegen las plantas del calor extremo. El manejo de la tierra incluye la utilización de sistemas de riego eficientes y la protección contra la erosión del suelo.

En definitiva, cada una de estas regiones tabacaleras de Cuba aporta características únicas al tabaco que producen, influenciadas por su geografía, clima y prácticas de cultivo. La combinación de estos factores resulta en los famosos puros habanos que son apreciados en todo el mundo. Desde las ricas tierras de Vuelta Abajo hasta las condiciones especiales de Oriente, el proceso de cultivo en estas regiones es una labor de amor y dedicación que asegura la producción de tabaco de la más alta calidad.

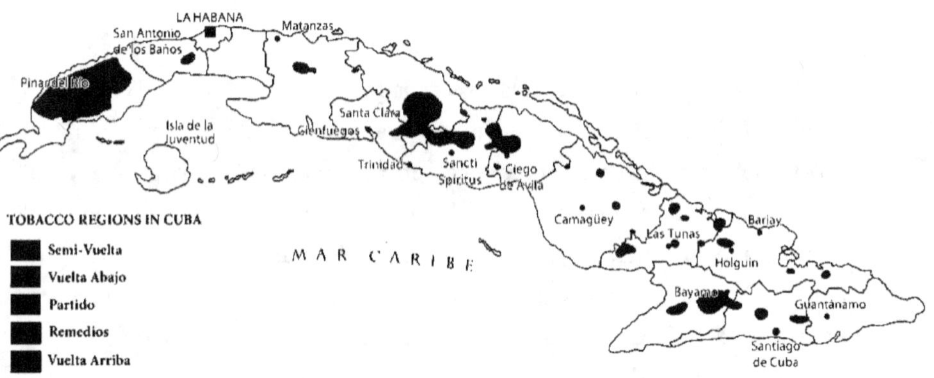

Figura 5: Regiones Tabacaleras de Cuba

El Cultivo del Tabaco: de la Semilla a la Hoja

El cultivo del tabaco es un proceso meticuloso que comienza con la selección de las mejores semillas y termina con la cosecha de hojas maduras. Cada etapa del proceso requiere un cuidado y atención detallada para asegurar la calidad del producto final. A continuación, se describen en profundidad las fases principales del cultivo del tabaco en Cuba: selección y siembra de semillas, trasplante y crecimiento, y la cosecha.

La selección de semillas es crucial para el éxito del cultivo del tabaco. Los agricultores seleccionan semillas de plantas que han mostrado las mejores características en términos de sabor, aroma y resistencia a enfermedades. Se eligen de plantas madre que han demostrado producir hojas de alta calidad. Se buscan características como el tamaño, la textura, el color y la resistencia a plagas y enfermedades. Estas semillas se someten a pruebas de germinación para asegurar su viabilidad.

Las semillas se siembran en semilleros protegidos, conocidos como "camas calientes" o "camas frías". Las camas calientes utilizan un sistema de calefacción debajo del suelo para mantener una temperatura constante, mientras que las camas frías dependen del calor natural. El suelo de los semilleros se prepara con una mezcla rica en nutrientes para favorecer el crecimiento inicial de las plántulas. Durante el periodo de germinación, que dura aproximadamente 30 a 45 días, las plántulas se cuidan con esmero. Se controlan las condiciones de luz, temperatura y humedad para asegurar un crecimiento saludable. Las plántulas también se protegen de plagas y enfermedades mediante el uso de fungicidas y pesticidas naturales.

Una vez que las plántulas han alcanzado una altura de 15-20 cm y tienen varias hojas verdaderas, están listas para ser trasplantadas al campo. Antes del trasplante, el campo se prepara meticulosamente. Esto incluye la labranza del suelo para airearlo y mejorar su estructura. También se aplican fertilizantes orgánicos para enriquecer el suelo con los nutrientes necesarios. El trasplante se realiza a mano para evitar dañar las raíces delicadas de las plántulas. Se plantan en hileras, con una separación adecuada para permitir un crecimiento óptimo y una buena circulación de aire. Generalmente, las plántulas se trasplantan en días nublados o al final del día para minimizar el estrés por calor.

Después del trasplante, las plantas necesitan riego regular para establecerse. El riego puede ser manual o mediante sistemas de irrigación. La fertilización continua es esencial para proporcionar los nutrientes necesarios durante el crecimiento. Los fertilizantes utilizados suelen ser orgánicos y se aplican en dosis controladas para evitar la sobrefertilización, que puede dañar las plantas. El tabaco es susceptible a varias plagas y enfermedades, como el moho azul, la mosca blanca y los nematodos. Se implementan prácticas de manejo integrado de plagas, que incluyen el uso de productos biológicos, rotación de cultivos y monitoreo constante para detectar y tratar problemas a tiempo.

A medida que las plantas crecen, se realizan prácticas de desbrote y deshoje. El desbrote consiste en eliminar los brotes laterales para concentrar los nutrientes en las hojas principales. El deshoje implica la eliminación de las hojas más bajas, que son menos productivas y pueden ser un foco de enfermedades.

La cosecha del tabaco es una tarea delicada que se realiza en varias etapas, seleccionando las hojas en diferentes momentos según su posición en la planta. Se lleva a cabo cuando las hojas alcanzan su madurez óptima. Las señales de madurez incluyen un cambio en el color de las hojas, que pasan de un verde brillante a un verde amarillento, y la aparición de una textura más gruesa y aceitosa. La cosecha se realiza a mano para asegurar que las hojas no se dañen. Las hojas se recogen en varias etapas, comenzando por las inferiores (volado), seguidas por las intermedias (seco) y finalmente las superiores (ligero). Cada tipo de hoja tiene características únicas que contribuyen al sabor y la estructura del puro.

- <u>Volado</u>: las hojas inferiores, llamadas volado, son las primeras en cosecharse. Estas hojas son más ligeras y se utilizan principalmente para ayudar en la combustión del puro.

- <u>Seco</u>: las hojas intermedias, conocidas como seco, se cosechan en la segunda etapa. Estas hojas son ricas en sabor y aroma, aportando complejidad al puro.

- <u>Ligero</u>: las hojas superiores, denominadas ligero, se cosechan al final. Estas hojas son las más fuertes y aromáticas, proporcionando el cuerpo y la fuerza del puro.

Después de la cosecha, las hojas se clasifican y se preparan para el curado. Se eliminan las hojas dañadas y se agrupan según su calidad y tipo. Las hojas se cuelgan en casas de curado, donde comienza el siguiente proceso crucial para desarrollar sus características finales.

Conclusión, el cultivo del tabaco es una tarea compleja que requiere conocimiento, habilidad y paciencia. Desde la selección y siembra de semillas hasta el trasplante, crecimiento y cosecha, cada etapa del proceso es fundamental para producir hojas de tabaco de alta calidad. Los agricultores cubanos, con siglos de experiencia y técnicas tradicionales, han perfeccionado este arte para crear los famosos puros habanos que son apreciados en todo el mundo.

Fermentación, curado y envejecimiento

El proceso que sigue al cultivo del tabaco es crucial para desarrollar las características finales de las hojas, incluyendo su sabor, aroma y color. Las etapas de fermentación, curado y envejecimiento son fundamentales para transformar las hojas recién cosechadas en tabaco de alta calidad listo para la elaboración de puros. Cada una de estas etapas implica una serie de procesos meticulosos que deben ser llevados a cabo con precisión y cuidado.

El curado es el primer paso después de la cosecha y tiene como objetivo secar las hojas de tabaco de manera controlada para desarrollar sus características iniciales de sabor y aroma. Existen varios métodos de curado, pero el más común en Cuba es el curado al aire. Otros métodos incluyen el curado al fuego, al sol y el curado en estufa. Cada método tiene sus propias particularidades y se elige en función del tipo de tabaco y las condiciones locales:

- <u>Curado al Aire</u>: este método implica colgar las hojas en grandes casas de curado, también conocidas como secaderos, donde se dejan secar lentamente. La ventilación es esencial y se controla mediante la apertura y cierre de las paredes laterales de la casa de curado. El proceso dura entre 45 y 60 días, dependiendo de las condiciones climáticas y el tipo de hoja.

- <u>Curado al Fuego</u>: utilizado principalmente para tabaco oscuro, este método implica el uso de fuego controlado para secar las hojas. Los fuegos se encienden en el suelo de la casa de curado y el calor y el humo secan las hojas, aportando un sabor ahumado distintivo.
- <u>Curado al Sol</u>: este método se utiliza raramente en Cuba y consiste en secar las hojas al aire libre, expuestas directamente al sol. Es más común en otras regiones del mundo.
- <u>Curado en Estufa</u>: un método más moderno que utiliza estufas para controlar de manera precisa la temperatura y la humedad durante el secado de las hojas.

El curado permite la descomposición de la clorofila y otros compuestos, lo que resulta en el desarrollo de los precursores del sabor y aroma. El proceso también reduce la humedad de las hojas del 80-90%

inicial a aproximadamente 20%. Durante el curado, se monitorean y ajustan constantemente la temperatura y la humedad para evitar que las hojas se sequen demasiado rápido o se enmohezcan. La ventilación adecuada es crucial para evitar la acumulación de humedad excesiva.

Figura 6: Secado de la planta

Después del curado, las hojas de tabaco pasan por el proceso de fermentación, que es crucial para eliminar impurezas y desarrollar el sabor y aroma del tabaco. Las hojas se apilan en grandes montones llamados pilones, donde el calor y la humedad natural inician una fermentación controlada. Durante este proceso, las hojas se voltean periódicamente para asegurar una fermentación uniforme. Las hojas curadas se clasifican y se agrupan en pilones, generalmente de unos pocos pies de altura. El tamaño de los pilones y la cantidad de hojas se ajustan para asegurar una temperatura adecuada en el centro del montón. La temperatura en el interior de los pilones puede alcanzar entre 35°C y 50°C. Es esencial monitorear la temperatura y la humedad para evitar que las hojas se cocinen o se enmohezcan. Si la temperatura sube demasiado, los pilones se desarman, se airean y se vuelven a formar.

La fermentación descompone compuestos químicos indeseables como el amoníaco, y ayuda a suavizar los sabores y reducir la astringencia. Este proceso también contribuye a homogenizar el color de las hojas y a desarrollar los compuestos aromáticos. Puede durar entre 30 días y varios meses, dependiendo del tipo de tabaco y del resultado deseado. Se requiere una supervisión constante para asegurar que todas las hojas se fermenten de manera uniforme.

El envejecimiento es la etapa final antes de la elaboración del puro y es crucial para el desarrollo final del perfil de sabor del tabaco. Las hojas fermentadas se almacenan en condiciones controladas de humedad y temperatura para permitir que los sabores se redondeen y maduren. Durante el envejecimiento, las hojas se apilan en balas o manojos y se almacenan en almacenes especiales. La temperatura óptima para el envejecimiento está entre 15°C y 21°C, y la humedad relativa debe mantenerse entre el 60% y el 70%. Estas condiciones aseguran que las hojas no se sequen demasiado ni se enmohezcan (más adelante, profundizaremos en estos aspectos). Las balas de tabaco se rotan periódicamente para asegurar un envejecimiento uniforme. Los especialistas monitorean las hojas para detectar cualquier signo de deterioro o moho.

El tiempo de envejecimiento varía según el tipo de tabaco y el producto final deseado. Las hojas pueden envejecer desde varios meses hasta varios años. Por ejemplo, el tabaco para capas finas puede requerir menos tiempo de envejecimiento que las hojas de tripa. El envejecimiento permite que los sabores del tabaco se desarrollen plenamente y se suavicen. Durante este tiempo, las reacciones químicas continúan, lo que resulta en un tabaco más complejo y equilibrado.

En resumen, las etapas de fermentación, curado y envejecimiento son fundamentales para transformar las hojas de tabaco crudas en un producto refinado listo para la elaboración de puros habanos. Cada etapa del proceso debe ser llevada a cabo con precisión y cuidado para asegurar que el tabaco desarrolle sus características deseadas de sabor, aroma y textura. La combinación de técnicas tradicionales y modernas, junto con la experiencia y dedicación de los agricultores y procesadores cubanos, garantiza la producción de tabaco de la más alta calidad, reconocido y apreciado en todo el mundo.

La elaboración del Puro: desde la Tripa hasta el Anillo

La elaboración de un puro habano es un arte que ha sido perfeccionado a lo largo de siglos. Este proceso complejo y meticuloso implica varias etapas, desde la selección de las hojas hasta el anillado del producto final. Cada paso es crucial para garantizar la calidad del puro y la experiencia única que ofrece a los aficionados. A continuación, se describe en detalle cada etapa de este proceso.

La selección de hojas es el primer paso en la elaboración de un puro y es fundamental para asegurar su calidad y consistencia. Las hojas se seleccionan según su función específica en el puro: tripa (relleno), capote (envoltura interna) y capa (envoltura externa).

- Tripa: la tripa es el corazón del puro y está compuesta por una mezcla de diferentes tipos de hojas que proporcionan el sabor y la fuerza. Las hojas utilizadas para la tripa incluyen:

    o Ligero: hojas superiores, que aportan fuerza y riqueza de sabor.

    o Seco: hojas intermedias, que añaden complejidad y aroma.

    o Volado: hojas inferiores, que ayudan a la combustión y suavizan el sabor.

-   Capote: hoja fuerte y flexible que envuelve la tripa, manteniéndola unida y asegurando una combustión uniforme. Las hojas de capote deben ser elásticas y sin imperfecciones para garantizar que el puro queme de manera adecuada.

-   Capa: hoja exterior que define la apariencia del puro. Debe ser suave, elástica y sin imperfecciones. Las hojas de capa se seleccionan por su textura y color, y deben ser visualmente atractivas ya que son la parte más visible del puro.

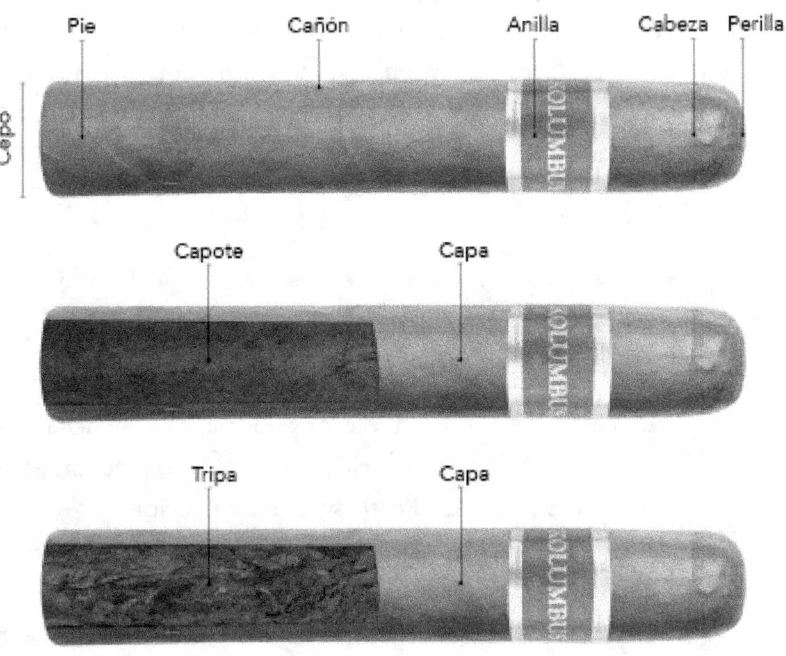

Figura 7: Partes del Puro

El ensamblaje del puro comienza con la creación de la tripa, que es la combinación de las hojas seleccionadas para lograr el perfil de sabor deseado. Este proceso se realiza a mano por torcedores experimentados.

- <u>Formación de la Tripa</u>: las hojas de ligero, seco y volado se combinan de manera específica para cada tipo de puro. Los torcedores colocan las hojas de manera que se distribuyan uniformemente, asegurando una combustión balanceada y una buena draw (flujo de aire).

- <u>Envoltura con el Capote</u>: la tripa formada se envuelve en el capote. Esta hoja debe estar suficientemente húmeda para ser flexible y permitir un buen sellado alrededor de la tripa. El capote ayuda a mantener la estructura del puro y contribuye a la calidad de la combustión.

El rodado y el prensado son etapas críticas que determinan la forma y consistencia del puro.

- <u>Rodado</u>: el rodado del puro se realiza a mano, y requiere habilidad y precisión. El torcedor coloca la tripa envuelta en el capote sobre una tabla de madera y la rueda con movimientos firmes pero suaves para darle su forma cilíndrica.

- <u>Prensado</u>: una vez rodado, el puro se coloca en moldes de madera y se prensa para asegurar que mantenga su forma. El prensado ayuda a eliminar cualquier irregularidad y garantiza una densidad uniforme. Los moldes tienen cavidades que forman el puro en sus dimensiones exactas y se utilizan prensas mecánicas o manuales para aplicar presión durante un período de tiempo específico.

La envoltura con la capa es una de las etapas más delicadas del proceso, ya que la capa debe ser aplicada con precisión para garantizar una apariencia perfecta y una combustión uniforme.

- <u>Aplicación de la capa</u>: la hoja de capa se selecciona y se humedece ligeramente para hacerlo más flexible. El torcedor coloca la capa en la tabla de rodado y enrolla el puro con cuidado, asegurándose de que no queden arrugas ni imperfecciones. La capa debe ser suave y uniforme, y se aplica con una técnica especial para asegurar que quede bien adherida.

- <u>Finalización del Rodado</u>: una vez aplicada la capa, se corta el extremo del puro para dejarlo limpio y uniforme. Algunos torcedores utilizan una pequeña hoja de tabaco adicional para rematar el extremo, asegurando un acabado perfecto.

El corte y anillado son las últimas etapas de la elaboración del puro y son esenciales para su presentación final.

- <u>Corte del Puro</u>: el puro rodado y prensado se corta a la medida exacta utilizando una guillotina o una cuchilla especial. Este corte debe ser preciso para asegurar que todos los puros de una misma vitola tengan el mismo tamaño y forma.

- <u>Anillado</u>: el anillo del puro es una banda de papel que identifica la marca, la vitola y otras características del puro. El anillado se realiza a mano, colocando el anillo en el lugar exacto para que quede firmemente adherido sin dañar la capa. El anillo no solo. sirve como identificación, sino que también añade un toque estético y de autenticidad al puro.

Figura 8: Anillado

Finalmente, antes de que los puros se empaquen y se envíen, pasan por una inspección final para asegurar que cumplen con los estándares de calidad. Los puros se inspeccionan visualmente para verificar que no tienen defectos en la capa, como manchas, arrugas o daños. También se comprueban al tacto para asegurar que tienen la densidad y firmeza adecuadas. Algunos puros se seleccionan al azar para pruebas de combustión, donde se encienden y se fuman parcialmente para asegurarse de que queman correctamente y tienen un buen draw. Se finaliza con una clasificación según su calidad. Los puros que no cumplen con los estándares estrictos pueden ser relegados a segundas marcas o utilizados para otros propósitos, asegurando que solo los mejores puros lleguen al consumidor.

Conclusión, la elaboración de un puro habano es un proceso artesanal que combina habilidad, experiencia y un profundo conocimiento del tabaco. Desde la selección de las hojas hasta el anillado del producto final, cada etapa del proceso es crucial para asegurar la calidad y consistencia del puro. Los torcedores cubanos, con siglos de tradición y maestría, son los guardianes de este arte, creando puros que son apreciados en todo el mundo por su excelencia. Este proceso meticuloso y apasionado es lo que hace que los puros habanos sean únicos y tan altamente valorados entre los aficionados.

IX

Anatomía del Puro

La anatomía de un puro es fundamental para entender cómo cada componente contribuye a la experiencia general de fumar. Un puro se compone de tres partes principales: la tripa, el capote y la capa. Cada una de estas partes desempeña un papel crucial en la construcción, el sabor y la combustión del puro. En este capítulo, exploraremos detalladamente estas partes, sus características y su importancia en la elaboración de un puro de calidad.

Partes del Puro: Tripa, Capote y Capa

La tripa es el corazón del puro y está compuesta por una mezcla de hojas de tabaco seleccionadas para proporcionar sabor, aroma y fuerza. La calidad de la tripa es esencial para la experiencia de fumar, ya que determina el perfil de sabor y la consistencia del puro. La tripa generalmente se compone de tres tipos de hojas de tabaco, ya mencionadas, pero se vuelve a hacer hincapié, cada una con características específicas que contribuyen al equilibrio y la complejidad del puro:

- <u>Ligero</u>: estas son las hojas superiores de la planta de tabaco, que reciben más luz solar y, por lo tanto, tienen un mayor contenido de nicotina. Aportan fuerza y riqueza al sabor del puro.
- <u>Seco</u>: las hojas intermedias, conocidas como seco, son más aromáticas y aportan complejidad y equilibrio al sabor del puro. Tienen un contenido moderado de nicotina y proporcionan la mayor parte del aroma.

- <u>Volado</u>: las hojas inferiores de la planta, llamadas volado, tienen menos nicotina y se utilizan principalmente para mejorar la combustibilidad del puro, asegurando que arda de manera uniforme.

La mezcla de estas hojas se realiza con cuidado para lograr el perfil de sabor deseado. Los maestros mezcladores (blenders) combinan diferentes proporciones de ligero, seco y volado para crear una mezcla balanceada que ofrece una experiencia de fumado armoniosa. Antes de ser utilizadas, las hojas de la tripa pasan por un proceso de fermentación y envejecimiento para desarrollar sus sabores y aromas. Este proceso también ayuda a suavizar las hojas y a reducir la dureza del tabaco.

El capote es la hoja de tabaco que envuelve la tripa, manteniéndola unida y dándole forma al puro. Aunque el capote no es visible en el producto final, su calidad y características son esenciales para la estructura y la combustión del puro. Las hojas de capote deben ser fuertes y flexibles, ya que necesitan sostener la tripa y permitir una combustión uniforme. Se seleccionan hojas sin imperfecciones, con una textura homogénea y elasticidad adecuada. El capote actúa como una barrera protectora para la tripa, asegurando que las hojas de la tripa se mantengan en su lugar durante el proceso de elaboración y fumado. También contribuye a la combustión del puro, ya que debe arder de manera pareja sin afectar negativamente el sabor. La hoja de capote se humedece ligeramente para hacerla más flexible y se envuelve alrededor de la tripa. Esta operación se realiza a mano, asegurando que el capote quede bien ajustado y sin arrugas. Un buen capote es crucial para la construcción del puro, ya que influye en su tiro (draw) y en cómo se quemará.

La capa es la hoja de tabaco exterior que envuelve el capote, dando al puro su apariencia final y contribuyendo significativamente a su sabor y aroma. Las hojas de capa se seleccionan con mucho cuidado, ya que deben ser visualmente atractivas y sin defectos. Se prefieren hojas suaves, sedosas y con un color uniforme. Las hojas de capa provienen generalmente de la parte superior de la planta de tabaco, donde reciben la mayor exposición al sol y desarrollan colores más ricos y texturas más complejas. Además de proporcionar la apariencia estética del puro, la capa añade un componente importante al sabor. Dependiendo de su variedad y origen, la capa puede aportar notas dulces, especiadas, terrosas o florales al perfil general del puro. La capa también protege las hojas internas y contribuye a la combustión, asegurando que el puro se queme de manera uniforme. La hoja de capa se humedece ligeramente para hacerla más manejable y se aplica con precisión alrededor del puro ensamblado (tripa y capote). El torcedor (artesano que fabrica el puro) estira y alisa la hoja de capa para evitar arrugas y asegurar un acabado perfecto. Este proceso es delicado y requiere gran habilidad para asegurar que la capa quede bien ajustada y que el puro tenga un aspecto impecable.

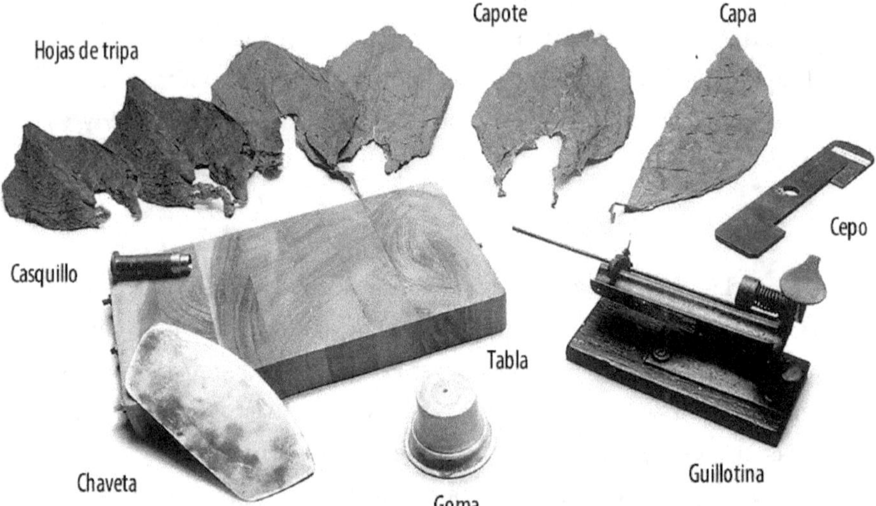

Figura 9: Elementos Varios relacionados al Puro

Comprender la anatomía de un puro es esencial para apreciar la complejidad y el arte involucrado en su fabricación. La tripa, el capote y la capa son componentes interdependientes que, cuando se seleccionan y se ensamblan correctamente, crean un producto final de alta calidad. Cada uno de estos componentes aporta características únicas que influyen en el sabor, el aroma y la experiencia general de fumar un puro. La habilidad y experiencia de los torcedores cubanos aseguran que cada puro habano sea un testimonio del arte y la tradición del tabaquismo, ofreciendo una experiencia única y gratificante para los aficionados de todo el mundo.

Tipos de vitolas y sus medidas

En el mundo de los puros, la vitola se refiere al tamaño y la forma específica del puro. La vitola afecta tanto la experiencia de fumado como el sabor, ya que la relación entre la tripa, el capote y la capa cambia según las dimensiones del puro. Existen numerosas vitolas, cada una con características únicas que las distinguen. En este apartado, exploraremos los tipos de vitolas más comunes y sus medidas, proporcionando una guía detallada para entender cómo estas variables influyen en la calidad y el disfrute de los puros habanos.

Las vitolas se clasifican principalmente por su longitud y diámetro, que se mide en centímetros y en anillos (ring gauge). A continuación, se describen algunas de las vitolas más conocidas:

- **Petit Corona**

  - Medidas: aproximadamente 11.4 cm de largo con un diámetro de 1.59 cm (40 anillos).

  - Características: una fumada más corta y concentrada, ideal para una pausa rápida. Ofrece un sabor intenso debido a la alta concentración de tabaco en una vitola más pequeña.

- **Corona**

  o Medidas: aproximadamente 14 a 15.2 cm de largo con un diámetro de 1.67 a 1.75 cm (42 a 44 anillos).

  o Características: clásica y equilibrada, la corona ofrece una buena duración de fumada y un sabor bien desarrollado.

- **Robusto**

  o Medidas: aproximadamente 12.4 cm de largo con un diámetro de 1.98 cm (50 anillos).

  o Características: muy popular por su tamaño manejable y su fumada completa. La mayor circunferencia permite una mezcla más rica de sabores.

- **Churchill**

  o Medidas: aproximadamente 17.8 cm de largo con un diámetro de 1.87 cm (47 anillos).

  o Características: nombrado en honor a Winston Churchill, ofrece una fumada larga y compleja, ideal para ocasiones especiales.

- **Toro**

  o Medidas: aproximadamente 15.2 cm de largo con un diámetro de 1.98 a 2.06 cm (50 a 52 anillos).

  o Características: similar al robusto, pero más largo, ofrece una experiencia de fumado prolongada y rica.

- **Gran Toro**

  o Medidas: aproximadamente 15.2 cm a 16.5 cm de largo con un diámetro de 2.14 cm (54 anillos).

  o Características: un puro más grande y robusto, que ofrece una fumada prolongada y llena de sabores complejos.

- **Gran Corona**

  o Medidas: aproximadamente 22.9 cm de largo con un diámetro de 1.98 cm (49 anillos).

  o Características: una vitola muy larga que proporciona una experiencia de fumado extensa y rica, con un desarrollo gradual de los sabores.

- **Lonsdale**

  o Medidas: aproximadamente 16.5 cm de largo con un diámetro de 1.67 cm (42 anillos).

  o Características: un formato más elegante, combina una duración media-larga con un diámetro más estrecho, lo que intensifica los sabores.

- **Panetela**

  o Medidas: varía entre 12.7 a 19 cm de largo con un diámetro de 1.34 a 1.52 cm (34 a 38 anillos).

  o Características: un puro más delgado, proporciona una fumada más rápida y ligera, con una entrega concentrada de sabor.

- **Lancero**

  o Medidas: aproximadamente 19 cm de largo con un diámetro de 1.52 cm (38 anillos).

  o Características: un puro largo y delgado que ofrece una fumada elegante y una entrega de sabor más directa debido a su menor diámetro.

- **Torpedo**

  o Medidas: longitud variable, generalmente alrededor de 15.2 a 17.8 cm con un diámetro de 2.06 a 2.14 cm (52 a 54 anillos).

  o Características: con una punta cónica, permite un corte personalizado para controlar el flujo de aire y la intensidad del sabor.

- **Belicoso**

  o Medidas: similar al torpedo, pero más corto, alrededor de 12.7 a 14 cm con un diámetro de 1.98 a 2.06 cm (50 a 52 anillos).

  o Características: ofrece una fumada intensa con un final redondeado y una forma cónica similar al torpedo.

- **Salomón**

  o Medidas: aproximadamente 17.8 a 21.6 cm de largo con un diámetro de 2.14 cm (54 anillos) en su parte más ancha.

  o Características: un puro grande y distintivo con forma figurada, que ofrece una experiencia de fumado compleja y rica.

- **Doble Corona**

  o Medidas: aproximadamente 19 cm de largo con un diámetro de 1.98 cm (49 anillos).

  o Características: ofrece una fumada larga y placentera, permitiendo que los sabores se desarrollen plenamente durante una sesión prolongada.

Figura 10: Ejemplos de algunos modales

Figura 11: Tabla Resumen

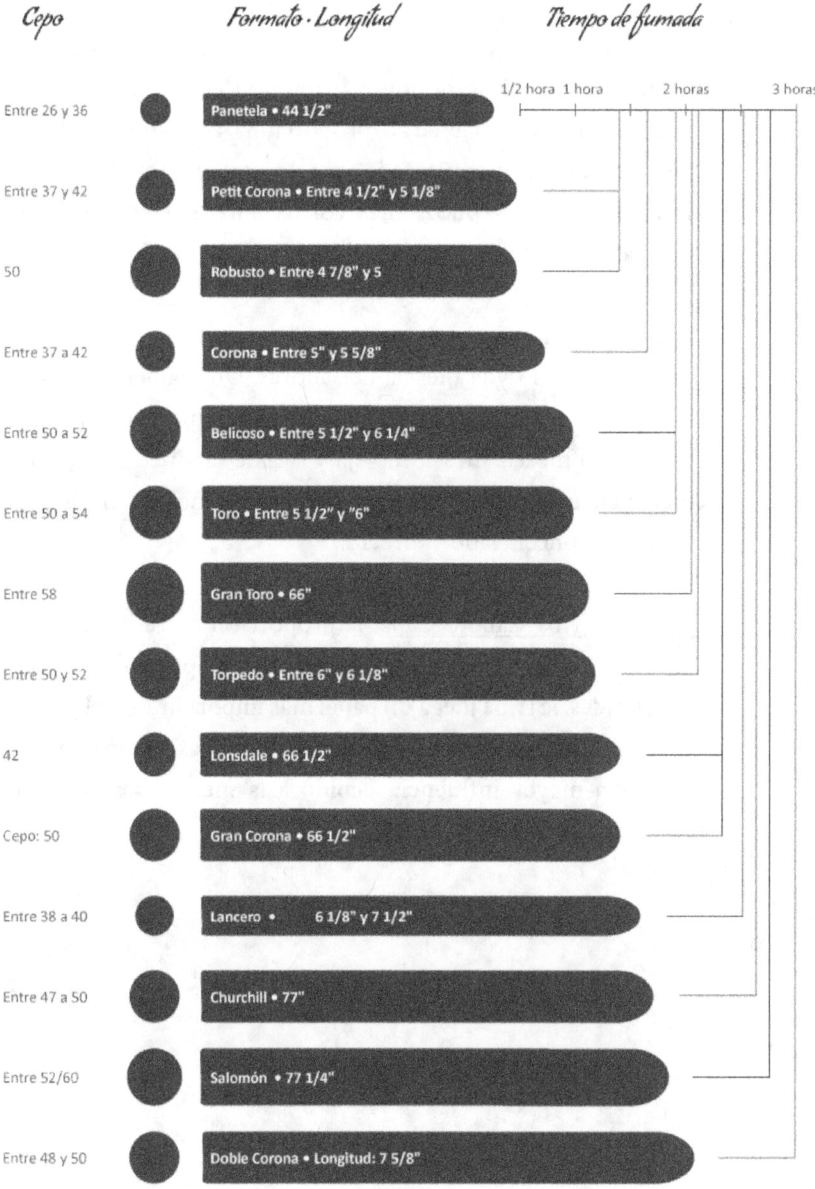

La longitud y el diámetro de un puro no solo afectan la duración de la fumada, sino también cómo se desarrolla el sabor durante el consumo.

- Longitud: la longitud del puro influye en el tiempo total de fumada. Un puro más largo proporcionará una experiencia más prolongada, permitiendo que los sabores evolucionen gradualmente. Los puros más cortos entregan el sabor de manera más rápida y concentrada.

- Diámetro (Ring Gauge): el diámetro afecta la cantidad de humo producido y la mezcla de sabores. Un diámetro mayor permite una mayor cantidad de tabaco en la tripa, lo que puede ofrecer una mezcla más compleja y rica de sabores. Los puros con un diámetro más estrecho tienden a tener un perfil de sabor más concentrado y directo.

- Relación Tripa-Capote-Capa: la proporción entre la tripa, el capote y la capa varía con las dimensiones del puro. En vitolas más grandes, la tripa juega un papel más importante en el perfil de sabor, mientras que, en vitolas más pequeñas, la capa puede tener una mayor influencia debido a la menor cantidad de tabaco en la tripa.

Elegir la vitola correcta depende de las preferencias personales y el contexto de la fumada, podemos clasificarlos pues, de las siguientes formas:

- <u>Tiempo disponible</u>: para fumadas rápidas, las vitolas como el Petit Corona o el Panetela son ideales. Para una experiencia más prolongada, las vitolas como el Churchill, Gran Toro o Doble Corona son más adecuadas.

- <u>Perfil de Sabor</u>: los aficionados que buscan una experiencia rica y compleja pueden preferir vitolas más grandes como el Robusto, Gran Toro o Salomón. Para sabores más concentrados, las vitolas más estrechas como el Lancero o el Lonsdale son preferibles.

- <u>Contexto Social</u>: las vitolas más grandes y llamativas como el Churchill, el Salomón o el Doble Corona pueden ser ideales para eventos sociales y celebraciones, mientras que las vitolas más pequeñas son adecuadas para fumadas discretas y rápidas.

Comprender los diferentes tipos de vitolas y sus medidas es esencial para seleccionar el puro adecuado para cualquier ocasión. La forma y el tamaño de un puro no solo afectan su apariencia, sino también su perfil de sabor y la duración de la fumada. Conocer estas características permite a los aficionados elegir puros que se adapten a sus preferencias personales y a las circunstancias específicas, garantizando una experiencia de fumado óptima. La amplia variedad de vitolas disponibles ofrece una rica paleta de opciones para explorar y disfrutar, haciendo del mundo del tabaco un campo apasionante y variado.

Entendiendo las capas y sus características

La capa es la hoja exterior que envuelve el puro y juega un papel crucial tanto en la estética como en el sabor y la experiencia general de fumar. Las características de la capa pueden variar ampliamente dependiendo de la variedad de tabaco, el proceso de cultivo y el tratamiento postcosecha. En esta sección, exploraremos en detalle las diferentes capas, sus características y cómo influyen en la calidad del puro.

La capa es más que una simple envoltura; es una parte integral del puro que afecta varios aspectos importantes:

- Apariencia: la capa es lo primero que se nota en un puro. Una capa lisa, uniforme y sin imperfecciones es indicativa de un puro de alta calidad. El color de la capa también influye en la percepción visual del puro.

- Sabor: aunque la capa representa solo una pequeña fracción del tabaco en un puro, su influencia en el sabor puede ser significativa. Dependiendo de su variedad y origen, la capa puede aportar notas específicas como dulzura, especias, madera, tierra y más.

- Combustión: una buena capa ayuda a asegurar una combustión uniforme, lo cual es crucial para una experiencia de fumado placentera. La elasticidad y la textura de la hoja de capa también juegan un papel en cómo se quema el puro.

Existen varios tipos de capas, cada una con sus características únicas que afectan el sabor y la apariencia del puro. A continuación, se describen algunas de las capas más comunes:

- <u>Connecticut Shade</u>: es conocido por su color claro a dorado y su sabor suave y cremoso, con notas de nuez y a veces toques de cedro. Esta hoja se cultiva bajo tela de sombra para protegerla del sol directo, lo que resulta en una textura fina y suave. Es ideal para quienes prefieren un fumado más ligero y elegante.

- <u>Habano</u>: originario de Cuba, pero ahora cultivado en varios países, es apreciado por su color marrón medio a oscuro y su sabor rico y complejo. Este tipo de capa aporta notas de especias, tierra y café, y es conocido por su robustez. Las hojas de Habano son cultivadas bajo el sol, lo que les da una textura más fuerte y una mayor intensidad de sabor.

- <u>Corojo</u>: tiene un color marrón rojizo y un perfil de sabor picante y dulce, con matices de pimienta y especias. Originalmente desarrollado en Cuba, el Corojo ahora se cultiva en lugares como Honduras y Nicaragua. Esta capa es valorada por su capacidad de añadir un toque picante y distintivo al puro.

- <u>Criollo</u>: similar al Corojo, presenta un color marrón medio y un sabor complejo y terroso, con matices de cuero y cacao. Desarrollado en Cuba, el Criollo es utilizado tanto para capas como para tripa en la elaboración de puros. Su perfil de sabor es distintivo y aporta una rica complejidad al fumado.

- <u>Maduro</u>: se distingue por su color marrón oscuro a casi negro y su sabor dulce y fuerte, con notas de chocolate, café y pasas. Este tipo de capa se somete a un proceso de fermentación más largo y a veces a más calor para desarrollar su color oscuro y sus profundos sabores. Es ideal para los aficionados que buscan una experiencia de fumado más dulce y rica.

- <u>Oscuro</u>: es aún más oscuro que el Maduro, con un color casi negro. Su sabor es intenso y dulce, con matices de melaza y cacao. Esta capa requiere una fermentación prolongada y un manejo cuidadoso para desarrollar sus características distintivas. El Oscuro es perfecto para quienes prefieren un fumado muy rico y robusto.

El cultivo y tratamiento de las hojas de capa son procesos críticos que determinan su calidad final:

- <u>Cultivo</u>: la calidad de la hoja de capa comienza en el campo. Las plantas se cultivan en condiciones cuidadosamente controladas. Las hojas superiores de la planta son las que generalmente se utilizan para las capas debido a su exposición al sol, que promueve un desarrollo óptimo del color y la textura.

- <u>Sombrado</u>: para algunas capas como la Connecticut Shade, las plantas se cultivan bajo telas de sombra para protegerlas del sol directo. Esto produce hojas más claras y finas.

- Cosecha y Curado: las hojas se cosechan a mano y se cuelgan en casas de curado donde se secan lentamente. El curado permite que las hojas pierdan humedad y desarrollen su color y sabor inicial.

- Fermentación: las hojas de capa pasan por un proceso de fermentación donde se apilan y se controlan la temperatura y la humedad. Este proceso es crucial para desarrollar los sabores y colores deseados. La fermentación también ayuda a eliminar impurezas y suavizar las hojas.

- Clasificación y Envejecimiento: después de la fermentación, las hojas se clasifican según su tamaño, color y textura. Las hojas de mayor calidad se seleccionan para capas premium. Luego, las hojas se envejecen durante varios meses o incluso años para desarrollar plenamente sus características de sabor y aroma.

Evaluar una capa de calidad implica varios criterios, visuales, de textura, aromáticos y de combustión:

- Visual: la hoja debe ser uniforme en color y libre de manchas o defectos. Un color consistente indica un curado y fermentación adecuados.

- Textura: la capa debe ser suave y sedosa al tacto, con una ligera elasticidad que permita envolver el puro sin romperse.

- <u>Aroma</u>: incluso antes de encender el puro, la capa debe tener un aroma agradable y rico que refleje su origen y proceso de tratamiento.

- <u>Combustión</u>: una buena capa debe quemarse de manera uniforme y lenta, contribuyendo a una experiencia de fumado sin interrupciones.

Aunque representa solo una pequeña parte del peso total del puro, la capa puede tener un impacto significativo en el perfil de sabor:

- <u>Sabor Directo</u>: las capas como el Connecticut Shade tienden a ser suaves y cremosas, aportando notas sutiles que complementan el tabaco de la tripa. Las capas Habano y Corojo, por otro lado, son más picantes y ricas, añadiendo complejidad.

- <u>Sabor Complementario</u>: la capa también puede equilibrar los sabores de la tripa y el capote, creando una experiencia de fumado armoniosa. Por ejemplo, una capa Maduro puede añadir dulzura a una mezcla de tripa más picante.

- <u>Textura de Humo</u>: la capa influye en la textura del humo, haciéndolo más denso y rico o más ligero y etéreo, dependiendo de su grosor y composición.

Entender las capas y sus características es fundamental para apreciar plenamente la complejidad y el arte de la elaboración de puros. Desde el cultivo y tratamiento de las hojas hasta su selección y aplicación, cada paso del proceso contribuye a la calidad final del puro. La capa no solo proporciona una apariencia atractiva, sino que también juega un papel crucial en el sabor y la combustión del puro, ofreciendo una experiencia de fumado rica y satisfactoria. Con este conocimiento, los aficionados pueden elegir puros que se adapten a sus preferencias personales y disfrutar de una experiencia de fumado más informada y gratificante.

X

Cómo elegir un Puro

Elegir un puro puede ser una tarea desafiante, especialmente para los nuevos aficionados, debido a la amplia variedad de opciones disponibles. Este capítulo proporciona una guía completa para ayudar a seleccionar el puro adecuado según las preferencias personales y las circunstancias específicas. Exploraremos factores esenciales como el sabor, aroma, forma y tamaño, así como la lectura de etiquetas y anillos, y ofreceremos consejos prácticos para comprar en una tienda especializada. Con esta información, los aficionados podrán tomar decisiones informadas y disfrutar plenamente de su experiencia de fumar puros.

Factores a Considerar: Sabor, Aroma, Fuerza y Tamaño

Elegir el puro adecuado es una decisión que puede enriquecer significativamente la experiencia de fumado. Cada puro tiene una personalidad única, determinada por varios factores que incluyen el sabor, aroma, fuerza y tamaño. Estos elementos no solo influyen en el disfrute inmediato del puro, sino también en cómo se desarrolla la fumada a lo largo del tiempo. A continuación, se ofrece una guía detallada y profunda sobre estos factores esenciales.

- <u>Sabor</u>: el sabor de un puro es quizás el aspecto más subjetivo y personal de la experiencia de fumado. Los sabores del tabaco se desarrollan a través de una combinación de factores como el tipo de suelo, el clima, las técnicas de cultivo y los procesos de curado y fermentación.

  o Perfil del sabor: los sabores en los puros pueden ser tan variados y complejos como los de los vinos o los whiskies. Los sabores básicos incluyen dulzura, amargor, acidez y salinidad, pero estos se combinan para crear perfiles de sabor más complejos. Los sabores comunes incluyen notas de chocolate, café, especias, frutas, madera, tierra y cuero. Algunos puros pueden tener un sabor predominantemente dulce, mientras que otros pueden ser más picantes o amargos.

  o Desarrollo del Sabor: un buen puro debería evolucionar en sabor a medida que se fuma. La experiencia de sabor puede estar dividida en tercios, cada uno ofreciendo diferentes matices y profundidades de sabor. El primer tercio introduce los sabores iniciales, el segundo tercio revela la complejidad y la mezcla de sabores, y el último tercio a menudo presenta los sabores más intensos y concentrados.

o Combinación de Hojas: el sabor de un puro es el resultado de la combinación de diferentes tipos de hojas de tabaco: ligero, seco y volado. Cada tipo de hoja contribuye con diferentes sabores y características. Por ejemplo, las hojas de ligero, que provienen de la parte superior de la planta, aportan fuerza y sabores intensos. Las hojas de seco, del medio de la planta, ofrecen equilibrio y aromas, mientras que las hojas de volado, de la parte inferior, contribuyen a una combustión suave y uniforme.

o Maridajes de Sabor: los sabores del puro pueden ser complementados y realzados con maridajes adecuados. Por ejemplo, los puros con notas de chocolate y café pueden combinarse con un buen expreso o un ron añejo, mientras que los puros más especiados pueden acompañarse de whiskies o coñacs que complementen esos sabores.

- <u>Aroma</u>: el aroma de un puro es otro aspecto crucial que contribuye a la experiencia de fumado. El aroma puede ser tan variado como el sabor y puede influir significativamente en la percepción del puro.

o Preencendido: antes de encender el puro, el aroma de la hoja seca puede ofrecer pistas sobre su perfil de sabor. Este aroma, conocido como "pre-light aroma", puede variar desde dulces notas florales hasta aromas más pesados y terrosos. Evaluar el aroma del puro antes de encenderlo puede aumentar la anticipación y proporcionar una mejor comprensión del carácter del puro.

- o Humo: una vez encendido, el humo del puro debe tener un aroma agradable y complejo. El aroma del humo puede ser influenciado por la capa del puro y las hojas de la tripa. Algunos aromas comunes del humo incluyen madera, tierra, cuero, especias, y notas dulces como vainilla y caramelo. Un aroma bien equilibrado puede mejorar significativamente la experiencia de fumado.

- o Fumado: el entorno donde se fuma el puro también puede influir en la percepción del aroma. Fumar en un lugar con buena ventilación y en un ambiente relajado puede permitir una mejor apreciación de los matices aromáticos del puro.

- <u>Fuerza</u>: la fuerza de un puro se refiere a su impacto en términos de nicotina y la intensidad del sabor. La fuerza de un puro puede variar ampliamente, y es un factor importante a considerar según la experiencia y las preferencias del fumador.

- o Puros Suaves: los puros suaves tienen un bajo contenido de nicotina y ofrecen una experiencia de fumado ligera y accesible. Son ideales para principiantes o para fumadores que prefieren una fumada relajante sin demasiada intensidad. Los puros suaves suelen tener sabores más sutiles y refinados, y son perfectos para una fumada matutina o una pausa corta.

    ○ Puros Medios: los puros de fuerza media ofrecen un equilibrio entre suavidad e intensidad. Son adecuados para fumadores con algo de experiencia que buscan una fumada más robusta sin ser abrumadora. Los puros medios suelen tener un perfil de sabor complejo, con una buena mezcla de dulzura, especias y otros matices. Son versátiles y pueden disfrutarse en cualquier momento del día.

    ○ Puros Fuertes: los puros fuertes tienen un alto contenido de nicotina y son más intensos en términos de sabor. Son adecuados para fumadores experimentados que buscan una fumada potente y satisfactoria. Los puros fuertes suelen tener sabores audaces y profundos, con notas de cuero, tierra y especias. Estos puros son ideales para después de una comida copiosa o para una fumada nocturna.

- <u>Tamaño y Forma</u>: el tamaño y la forma del puro, conocidos como vitola, juegan un papel crucial en la experiencia de fumado. La vitola afecta tanto la duración de la fumada como la manera en que se desarrollan los sabores.

    ○ Tamaño: los puros vienen en una variedad de tamaños, desde pequeños, como el Petit Corona, hasta grandes, como el Churchill y el Doble Corona. El tamaño influye en la duración de la fumada y en cómo se desarrollan los sabores. Los puros más grandes permiten una evolución más gradual de los sabores, mientras que los puros más pequeños ofrecen una experiencia más concentrada. Como bien se ha explicado anteriormente.

- <u>Forma</u>: la forma del puro también puede afectar el flujo de aire y la combustión. Por ejemplo, los puros figurados como el Torpedo o el Belicoso tienen una punta cónica que puede concentrar el sabor y permitir un control más preciso del flujo de aire. Los puros parejos como el Robusto o el Corona ofrecen una fumada más uniforme.

- <u>Experiencia de Fumado</u>: la elección de la vitola también depende del tiempo disponible y del contexto en el que se va a fumar el puro. Para una fumada rápida, las vitolas más pequeñas son ideales, mientras que, para una fumada prolongada y relajada, las vitolas más grandes son preferibles. La forma del puro también puede influir en la intensidad del sabor. Por ejemplo, un puro con una punta más estrecha puede tener un sabor más concentrado al principio, mientras que un puro más ancho puede ofrecer una mezcla más equilibrada desde el inicio.

Elegir el puro adecuado implica una comprensión profunda de varios factores que afectan la experiencia de fumado. El sabor, el aroma, la fuerza y el tamaño del puro son aspectos clave que determinan la calidad y el disfrute del puro. Cada uno de estos elementos contribuye a una experiencia de fumado única y personalizada. Comprender estas características permite a los aficionados seleccionar puros que se adapten a sus preferencias personales y a las circunstancias específicas, garantizando una experiencia de fumado placentera y satisfactoria. Con el conocimiento adecuado, la elección de un puro se convierte en un proceso emocionante y gratificante, lleno de descubrimientos y nuevas experiencias.

Figura 12: Selección de Puros

Lectura de las Etiquetas y Anillos

Las etiquetas y los anillos en los puros son elementos fundamentales que proporcionan información crucial sobre el origen, la calidad y las características del puro. Aprender a leer y entender estas indicaciones puede mejorar significativamente la experiencia de compra y fumado, permitiendo a los aficionados tomar decisiones informadas. A continuación, se describe en detalle cómo interpretar las etiquetas y anillos de los puros.

Las etiquetas de los puros, también conocidas como anillas, son bandas de papel o materiales similares que envuelven el puro cerca de la cabeza. Estas etiquetas no solo embellecen el puro, sino que también transmiten información importante.

- <u>Marca</u>: el nombre de la marca es generalmente la información más prominente en la etiqueta. Marcas reconocidas como Cohiba, Montecristo y Partagás son indicativas de la procedencia y calidad del puro. Cada marca tiene su reputación y estilo distintivo, lo que puede influir en la elección del aficionado.

- <u>Vitola</u>: algunas etiquetas incluyen el nombre de la vitola específica, que se refiere al tamaño y forma del puro. Esto es importante porque, como se discutió anteriormente, la vitola afecta la experiencia de fumado. Conocer la vitola ayuda a entender cuánto tiempo tomará fumar el puro y qué tipo de perfil de sabor esperar.

- País de Origen: la etiqueta puede indicar el país donde se produjo el puro. Los puros cubanos son conocidos por su alta calidad y sabor distintivo, pero otros países como Nicaragua, República Dominicana y Honduras también producen tabaco excelente. Cada región tiene su propio estilo y características, influenciadas por el clima, suelo y métodos de cultivo.

- Indicaciones de Calidad: algunas etiquetas incluyen términos que indican la calidad del puro, como "Handmade" (hecho a mano), "Premium" (de primera calidad) y "Vintage" (añejado). Estos términos sugieren que el puro ha sido elaborado con altos estándares de calidad.

El anillo del puro, además de embellecer el producto, ofrece una serie de detalles que pueden ayudar al fumador a entender mejor el puro que está a punto de disfrutar. A continuación, se describen algunos de los elementos clave que se encuentran en los anillos de los puros:

- Diseño y Logotipo: el diseño del anillo y el logotipo de la marca suelen ser elementos centrales. Estos pueden incluir escudos, figuras históricas, símbolos y colores distintivos que reflejan la identidad y la tradición de la marca. Un logotipo bien diseñado no solo atrae visualmente, sino que también infunde una sensación de autenticidad y confianza.

- Información del Año o Vintage: algunos puros llevan una indicación del año de cosecha o un "vintage", lo que significa que el tabaco utilizado proviene de una cosecha específica y ha sido añejado durante un periodo determinado. Esto es similar a los vinos y puede influir significativamente en el perfil de sabor del puro. Los puros vintage suelen ser altamente valorados por los conocedores.

- <u>Series Especiales o Ediciones Limitadas</u>: las marcas a menudo producen series especiales o ediciones limitadas que se destacan en el anillo. Estas ediciones pueden conmemorar un aniversario, un evento especial o una colaboración. Los puros de ediciones limitadas suelen ser únicos y pueden ofrecer perfiles de sabor exclusivos que no se encuentran en las líneas regulares.

- <u>Numeración y Lotes</u>: algunos anillos pueden incluir un número de lote o una numeración específica, especialmente en ediciones limitadas. Esto proporciona una capa adicional de exclusividad y permite a los fumadores rastrear la procedencia exacta del puro.

- <u>Indicaciones de Fortaleza</u>: aunque no siempre es común, algunos anillos pueden indicar la fortaleza del puro, como suave, medio o fuerte. Esto es útil para fumadores que prefieren una experiencia específica en términos de intensidad de nicotina y sabor.

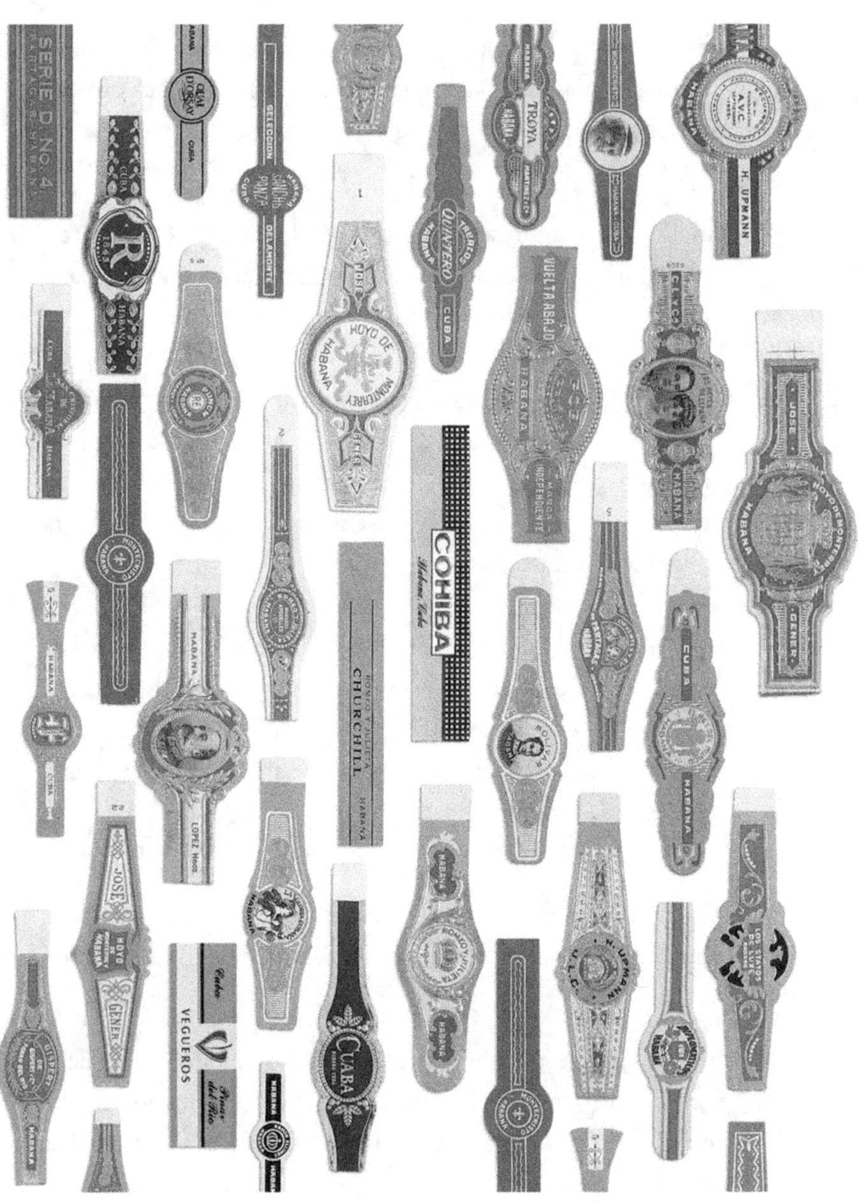

Figura 13: Diferentes Anillas

Además de la información textual, las etiquetas y anillos pueden contener varios símbolos y terminología específica que ofrecen más detalles sobre el puro:

- <u>Escudos y Emblemas</u>: muchos anillos presentan escudos y emblemas que representan la historia y el legado de la marca. Por ejemplo, un escudo puede simbolizar una herencia real o una historia de excelencia en la producción de tabaco.

- <u>Certificaciones y Garantías</u>: algunos anillos pueden incluir sellos de certificación que garantizan la autenticidad del puro, especialmente para los puros cubanos. Estos sellos pueden incluir hologramas y otros elementos de seguridad para prevenir falsificaciones.

- <u>Lenguaje de Calidad</u>: términos como "Fino", "Extra", "Especial" y "Reserva" indican diferentes niveles de calidad y selección de las hojas de tabaco. Estos términos sugieren que el puro ha sido elaborado con hojas de tabaco especialmente seleccionadas por su calidad superior.

Al elegir un puro basado en su etiqueta y anillo, hay varias consideraciones prácticas que pueden ayudar a tomar una decisión informada:

- <u>Autenticidad</u>: especialmente con los puros cubanos, es crucial verificar la autenticidad del puro. Las falsificaciones son comunes, y las etiquetas y anillos auténticos tendrán detalles finos y elementos de seguridad que son difíciles de replicar.

- <u>Condición del Anillo</u>: un anillo bien colocado y en buen estado es un indicativo de que el puro ha sido manejado y almacenado correctamente. Si el anillo está dañado o descolorido, puede ser una señal de almacenamiento inadecuado.

- <u>Preferencias Personales</u>: con el tiempo, los fumadores desarrollan preferencias por ciertas marcas, vitolas y perfiles de sabor. La familiaridad con las etiquetas y anillos permite una selección más rápida y precisa de puros que se alinean con estas preferencias.

Figura 14: Etiqueta Timbrada de Autenticidad

La lectura y comprensión de las etiquetas y anillos de los puros es una habilidad esencial para cualquier aficionado serio. Estos elementos no solo embellecen el puro, sino que también proporcionan información valiosa sobre su origen, calidad y características específicas. Aprender a interpretar estos detalles permite a los fumadores tomar decisiones informadas y disfrutar de una experiencia de fumado más enriquecedora. Al dominar la lectura de etiquetas y anillos, los aficionados pueden explorar el vasto mundo de los puros con mayor confianza y conocimiento, descubriendo nuevas marcas, sabores y experiencias a lo largo del camino.

Consejos para comprar en una tienda especializada

Comprar puros en una tienda especializada es una experiencia que puede ser tanto emocionante como abrumadora, especialmente para los nuevos aficionados. Las tiendas especializadas ofrecen una amplia variedad de puros, y el personal capacitado puede proporcionar orientación y recomendaciones valiosas. Sin embargo, es importante tener en cuenta ciertos aspectos para asegurar una compra satisfactoria. A continuación, se presentan consejos detallados y exhaustivos para aprovechar al máximo la visita a una tienda de puros especializada.

Antes de visitar una tienda especializada, es útil hacer algo de preparación para asegurar que la experiencia sea lo más productiva y agradable posible.

- <u>Investigación Previa</u>: familiarícese con las marcas y vitolas que le interesan. Leer reseñas y guías puede ayudar a identificar qué puros podrían alinearse con sus preferencias personales. Tener una lista de puros en mente puede hacer que la experiencia de compra sea más dirigida y eficiente.

- <u>Establezca un Presupuesto</u>: saber cuánto está dispuesto a gastar puede ayudar a limitar las opciones y evitar gastos excesivos. Los puros pueden variar significativamente en precio, desde opciones asequibles hasta productos de lujo.

- <u>Objetivo de la Compra</u>: determine si está buscando puros para una ocasión especial, para regalar o simplemente para su consumo personal. Esto puede influir en la elección de los puros y en la cantidad que planea comprar.

Al llegar a la tienda, hay varios factores a considerar para evaluar si se trata de un establecimiento de calidad.

- <u>Ambiente y Organización</u>: una buena tienda de puros debe estar bien organizada, limpia y con un ambiente adecuado. La disposición de los puros debe ser ordenada, con una separación clara entre diferentes marcas y tipos de puros.

- <u>Control de Humedad</u>: verifique si la tienda mantiene una humedad adecuada (generalmente entre el 65% y el 72%) y una temperatura controlada (entre 18°C y 21°C). Esto es crucial para asegurar que los puros se almacenen correctamente y mantengan su calidad.

- <u>Personal Conocedor</u>: el personal debe ser amable, accesible y, lo más importante, conocedor del tema. Deben poder responder a sus preguntas, proporcionar recomendaciones y ayudarlo a encontrar puros que se adapten a sus preferencias.

La interacción con el personal de la tienda es una oportunidad valiosa para obtener información y asesoramiento personalizado.

- <u>Comunicación de Preferencias</u>: explique al personal sus preferencias en términos de sabor, fuerza y vitola. Esto les permitirá hacer recomendaciones más precisas y adecuadas a sus gustos.

- <u>Preguntas Clave</u>: no dude en hacer preguntas sobre la procedencia de los puros, los métodos de almacenamiento y las características específicas de los productos. Preguntar sobre las novedades o ediciones limitadas también puede ser una buena manera de descubrir productos únicos.

- <u>Pruebas y Recomendaciones</u>: si es posible, pida probar algunos puros en el área de fumado de la tienda. Esto puede ayudar a decidir si un puro específico es adecuado para usted antes de realizar una compra más grande. (No en todos lados se dispone de la opción de pruebas).

Al seleccionar puros, hay varios aspectos físicos y sensoriales que debe evaluar para asegurarse de que está eligiendo productos de alta calidad.

- <u>Inspección Visual</u>: examine el color y la textura de la capa. Debe ser uniforme, sin manchas, decoloraciones o imperfecciones. La hoja de capa debe ser suave al tacto y tener un brillo natural, lo que indica frescura y buen almacenamiento.

- <u>Prueba de Tacto</u>: suavemente apriete el puro entre los dedos. Debe sentirse firme pero ligeramente flexible, sin puntos blandos o duros que indiquen problemas de construcción o almacenamiento.

- <u>Aroma</u>: huela el puro antes de encenderlo. Un buen puro debe tener un aroma rico y agradable. Esto puede darle una idea de los sabores que experimentará durante la fumada.

- <u>Revisión del Anillo</u>: asegúrese de que el anillo esté bien colocado y en buen estado. Un anillo dañado o descolorido puede ser un indicativo de un manejo inapropiado.

Al realizar la compra, hay varios factores adicionales que deben tenerse en cuenta.

- <u>Cantidad de Compra</u>: considere cuántos puros desea comprar. Si está probando una nueva marca o vitola, es posible que desee comprar solo unos pocos para empezar. Si está comprando puros que ya conoce y disfruta, comprar en mayor cantidad puede ser más conveniente y a menudo más económico.

- <u>Accesorios Necesarios</u>: no olvide considerar los accesorios necesarios para una experiencia de fumado completa, como cortadores, encendedores y humidificadores. Estos accesorios pueden mejorar significativamente su experiencia de fumado.

- <u>Política de Devoluciones</u>: consulte la política de devoluciones de la tienda en caso de que encuentre problemas con los puros después de la compra. Una buena tienda especializada debe estar dispuesta a atender cualquier inquietud que pueda tener.

Comprar puros en una tienda especializada es una experiencia enriquecedora que puede ser mejorada significativamente mediante una buena preparación y conocimiento. Entender cómo evaluar la tienda, interactuar con el personal, y seleccionar y almacenar los puros puede llevar a decisiones de compra más informadas y satisfactorias.

XI

Almacenamiento y cuidado de los puros

El almacenamiento y cuidado de los puros son aspectos cruciales para preservar su calidad y asegurar una experiencia de fumado óptima. Un almacenamiento inadecuado puede afectar negativamente el sabor, la textura y la combustión del puro. En este capítulo, se explorarán las mejores prácticas para almacenar puros, incluyendo el uso de humidificadores, el control de la humedad y la temperatura, y el mantenimiento adecuado de estos dispositivos. Este conocimiento es esencial tanto para los aficionados nuevos como para los experimentados, ya que un buen almacenamiento puede prolongar la vida útil de los puros y mejorar su disfrute.

Humidores: Tipos y Mantenimiento

Un humidor es un dispositivo esencial para cualquier aficionado a los puros, ya que mantiene el ambiente ideal para conservar los puros en condiciones óptimas. Existen varios tipos de humidificadores, cada uno con sus propias características y beneficios. Además, el mantenimiento adecuado del humidor es crucial para asegurar que funcione correctamente y prolongue la vida útil de los puros.

Hay varios tipos de humidificadores disponibles, cada uno diseñado para satisfacer diferentes necesidades y preferencias. A continuación, se describen los tipos más comunes:

- <u>Humidores de Mesa</u>: estos son los humidificadores más comunes y están diseñados para uso doméstico. Generalmente, tienen capacidad para almacenar entre 20 y 300 puros. Están hechos de madera (principalmente cedro español) y vienen en una variedad de diseños y tamaños. Son ideales para aficionados que desean almacenar una colección moderada de puros en casa.

- <u>Humidores de Viaje</u>: Diseñados para los aficionados que necesitan transportar puros, los humidificadores de viaje son compactos y portátiles. Suelen estar hechos de materiales duraderos como plástico o metal, y tienen capacidad para almacenar entre 5 y 20 puros. Estos humidificadores aseguran que los puros se mantengan frescos durante los desplazamientos.

- <u>Humidores de Pie</u>: también conocidos como armarios humidificadores, estos son mucho más grandes y pueden almacenar varios cientos o incluso miles de puros. Son ideales para coleccionistas serios o establecimientos comerciales.

Están equipados con sistemas avanzados de control de humedad y temperatura y pueden incluir múltiples compartimentos para organizar diferentes tipos de puros.

- <u>Humidores Electrónicos</u>: estos humidores utilizan tecnología avanzada para mantener niveles precisos de humedad y temperatura. Incluyen sistemas de humidificación y deshumidificación automatizados y pantallas digitales para monitorear las condiciones internas. Son ideales para quienes buscan una solución de almacenamiento sin complicaciones y de alta precisión.

- <u>Gabinetes Humidores</u>: similar a los humidores de pie, pero generalmente más pequeños, estos gabinetes están diseñados para almacenamiento a largo plazo y pueden ser tanto estéticamente atractivos como funcionales. Son adecuados para aficionados con colecciones más grandes que desean exhibir sus puros de manera elegante.

El mantenimiento adecuado de un humidor es esencial para garantizar que funcione correctamente y mantenga sus puros en condiciones óptimas. A continuación, se presentan los pasos detallados para el mantenimiento del humidor:

- <u>Estacionamiento Inicial</u>: antes de usar un humidor nuevo, es necesario estacionarlo. Esto implica limpiar el interior con un paño húmedo para eliminar cualquier residuo de fabricación y luego dejar un plato con agua destilada dentro del humidor durante 24 a 48 horas. Esto permite que la madera (generalmente cedro español) absorba la humedad inicial y se hinche, creando un sello hermético.

- <u>Control de la Humedad</u>: mantener una humedad relativa constante entre el 65% y el 72% es crucial para la preservación de los puros. Utilice un higrómetro para monitorear la humedad dentro del humidor. Los humidificadores tradicionales requieren el uso de soluciones de propilenglicol y agua destilada para mantener la humedad. Los humidificadores electrónicos automatizan este proceso, pero también deben revisarse regularmente.

- <u>Reabastecimiento de Humedad</u>: verifique los niveles de agua en el humidificador cada dos semanas y rellénelo según sea necesario. Use solo agua destilada para evitar la acumulación de minerales y moho. En el caso de soluciones de propilenglicol, siga las instrucciones del fabricante para mantener el equilibrio adecuado de humedad.

- <u>Limpieza Regular</u>: limpie el interior del humidor cada poco mes, para evitar la acumulación de polvo y residuos de tabaco. Use un paño limpio y agua destilada. No use limpiadores químicos que puedan dejar residuos y afectar el sabor de los puros.

- <u>Reemplazo del Humidor</u>: los elementos del humidor, como esponjas o geles, pueden necesitar reemplazo después de un tiempo. Verifique las recomendaciones del fabricante y reemplace estos elementos según sea necesario para mantener una humidificación eficiente.

- <u>Monitoreo de Temperatura</u>: la temperatura dentro del humidor debe mantenerse entre 18°C y 21°C. Las temperaturas más altas pueden causar que los aceites naturales del tabaco se evaporen, afectando el sabor y la frescura del puro. Use un termómetro para monitorear la temperatura y ajuste el entorno del humidor en consecuencia.

- <u>Rotación de los Puros</u>: para asegurar una distribución uniforme de la humedad, rote sus puros dentro del humidor cada poco mes. Esto es especialmente importante en humidificadores más grandes donde los niveles de humedad pueden variar ligeramente en diferentes áreas.

- <u>Inspección Regular</u>: inspeccione regularmente sus puros en busca de signos de moho, plagas o descomposición. El moho puede desarrollarse si los niveles de humedad son demasiado altos, mientras que la desecación puede ocurrir si la humedad es demasiado baja. Actúe de inmediato para corregir cualquier problema que detecte.

El uso y mantenimiento adecuado de un humidor son esenciales para preservar la calidad y frescura de los puros. Comprender cómo mantenerlos correctamente asegura que los puros se almacenen en las condiciones óptimas, prolongando su vida útil y mejorando la experiencia de fumado. Asegurando que cada fumada sea tan buena como la primera.

Figura 16: Ejemplos de Humidores

Figura 15: Humidor

Control de Temperatura y Humedad

El control preciso de la humedad y la temperatura es crucial para el almacenamiento adecuado de los puros. Estos factores influyen directamente en la conservación del sabor, la textura y la integridad del tabaco. Mantener un ambiente óptimo en el humidor asegura que los puros se mantengan frescos y se desarrollen correctamente durante su envejecimiento. A continuación, se detallan exhaustivamente los aspectos del control de la humedad y la temperatura, y cómo gestionarlos de manera efectiva.

La humedad es quizás el factor más crítico en el almacenamiento de puros. La humedad relativa adecuada asegura que los puros mantengan su frescura y sabor. Si los puros están demasiado secos, pueden volverse frágiles y quemarse demasiado rápido, perdiendo sabor y aroma. Por el contrario, un exceso de humedad puede causar problemas de moho y afectar la combustión.

-   Humedad Óptima: la humedad relativa ideal para almacenar puros se sitúa entre el 65% y el 72%. Este rango asegura que los puros se mantengan flexibles y que los aceites esenciales del tabaco se conserven, proporcionando una fumada rica y equilibrada.

-   Medición de la Humedad: utilizar un higrómetro es esencial para monitorear la humedad dentro del humidor. Los higrómetros pueden ser analógicos o digitales. Los higrómetros digitales suelen ser más precisos y fáciles de leer. Coloque el higrómetro en una ubicación central dentro del humidor para obtener una lectura precisa.

- <u>Ajuste de la Humedad</u>: si la humedad está fuera del rango óptimo, debe ajustarse. Para aumentar la humedad, puede añadir agua destilada al elemento humidificador del humidor. En el caso de que la humedad sea demasiado alta, puede dejar el humidor abierto durante un breve periodo para permitir que el exceso de humedad se disipe.

Existen varios métodos y dispositivos para mantener la humedad adecuada dentro del humidor. Cada uno tiene sus ventajas y desventajas, y la elección del método depende de las preferencias personales y las necesidades específicas.

- <u>Elementos de Espuma</u>: los elementos de espuma son tradicionales y fáciles de usar. Se empapan en una solución de propilenglicol y agua destilada, que ayuda a mantener un nivel de humedad constante. Sin embargo, requieren un monitoreo y mantenimiento regular.

- <u>Cristales de Silice (Gel)</u>: los cristales de gel de sílice absorben y liberan humedad de manera eficiente, manteniendo un ambiente estable dentro del humidor. Son fáciles de usar y requieren menos mantenimiento que los elementos de espuma.

- <u>Bolsas Boveda</u>: estas bolsas utilizan una tecnología de membrana para proporcionar una humedad constante. Son extremadamente fáciles de usar, simplemente colóquelas dentro del humidor y reemplácelas cuando sea necesario.

- <u>Humidores Electrónicos</u>: los humidificadores electrónicos son ideales para grandes humidificadores o para aquellos que buscan un control preciso y sin complicaciones. Estos dispositivos automatizan el proceso de humidificación, ajustando automáticamente los niveles de humedad y notificando cuando se necesita mantenimiento.

Figura 18: Bolsas Boveda

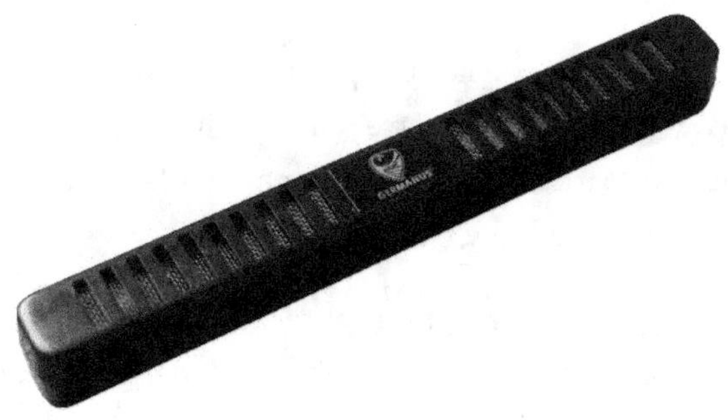

Figura 17: Bolas Gel - Germanus

La temperatura es otro factor crucial en el almacenamiento de puros. La temperatura adecuada ayuda a conservar los aceites esenciales del tabaco y evita problemas como la eclosión de escarabajos del tabaco (Lasioderma serricorne).

- Temperatura Óptima: la temperatura ideal para almacenar puros está entre 18°C y 21°C. Este rango asegura que los puros se mantengan frescos y que los aceites esenciales no se evaporen.

- Medición de la Temperatura: utilice un termómetro, preferiblemente uno digital con una sonda que pueda colocarse dentro del humidor, para monitorear la temperatura. Coloque el termómetro en un lugar donde no interfiera con el flujo de aire para obtener lecturas precisas.

- Ajuste de la Temperatura: si la temperatura dentro del humidor es demasiado alta, considere trasladarlo a un lugar más fresco de la casa, lejos de fuentes de calor directas y la luz solar. Si la temperatura es demasiado baja, asegúrese de que el humidor esté en una habitación con temperatura controlada.

La humedad y la temperatura están intrínsecamente relacionadas y deben mantenerse en equilibrio para asegurar un ambiente óptimo para los puros. Un cambio en la temperatura puede afectar la humedad relativa y viceversa.

- Efectos de la Temperatura sobre la Humedad: a medida que la temperatura aumenta, la capacidad del aire para retener humedad también aumenta, lo que puede llevar a una disminución en la humedad relativa si no se ajusta adecuadamente. Del mismo modo, una disminución de la temperatura puede aumentar la humedad relativa, lo que podría llevar a la condensación y moho si no se controla.

- <u>Monitoreo Conjunto</u>: es crucial monitorear tanto la temperatura como la humedad regularmente. Los dispositivos combinados que miden ambos factores pueden ser especialmente útiles. Realice ajustes en ambos parámetros de manera conjunta para mantener un ambiente estable.

Los cambios estacionales pueden afectar tanto la humedad como la temperatura dentro del humidor. Es importante hacer ajustes según la estación del año para mantener condiciones óptimas.

- <u>Verano</u>: en climas cálidos y húmedos, puede ser necesario reducir la humedad en el humidor para evitar que los puros se saturen. Monitoree los niveles con mayor frecuencia y use dispositivos deshumidificadores si es necesario.

- <u>Invierno</u>: en climas fríos y secos, puede ser necesario aumentar la humedad en el humidor para evitar que los puros se sequen. Asegúrese de que los elementos humidificadores estén siempre llenos y funcionando correctamente.

El control preciso de la humedad y la temperatura es esencial para mantener la calidad y la frescura de los puros. Utilizar los dispositivos adecuados para medir y ajustar estos parámetros y realizar un mantenimiento regular del humidor asegura que los puros se conserven en condiciones óptimas. Con estos conocimientos, los aficionados pueden garantizar que cada fumada sea una experiencia rica y satisfactoria, preservando la integridad y el sabor de sus puros a lo largo del tiempo.

¿Cómo evitar puros secos?

Los puros secos pueden arruinar una experiencia de fumado, ya que pierden su sabor, aroma y capacidad de combustión adecuada. Mantener los puros en condiciones óptimas requiere un enfoque cuidadoso y una atención constante a los factores ambientales. En este apartado, exploraremos de manera profunda y exhaustiva cómo evitar que los puros se sequen y cómo restaurarlos si ya están secos.

La humedad es esencial para preservar la calidad de los puros. El tabaco seco pierde su aceitosidad natural, lo que afecta negativamente su sabor, textura y combustión. Mantener los puros a una humedad relativa adecuada (65%-72%) asegura que se mantengan frescos y sabrosos.

Si no tiene un humidor disponible, existen métodos temporales para mantener los puros hidratados.

- Bolsas de Almacenamiento: coloque los puros en una bolsa de almacenamiento sellada con un pequeño esponja humedecida con agua destilada. Esto puede mantener la humedad durante un corto periodo de tiempo.

- <u>Recipientes de Plástico</u>: use un recipiente de plástico hermético con un pequeño humidificador de esponja. Aunque no es ideal para el almacenamiento a largo plazo, puede ser útil en situaciones de emergencia.

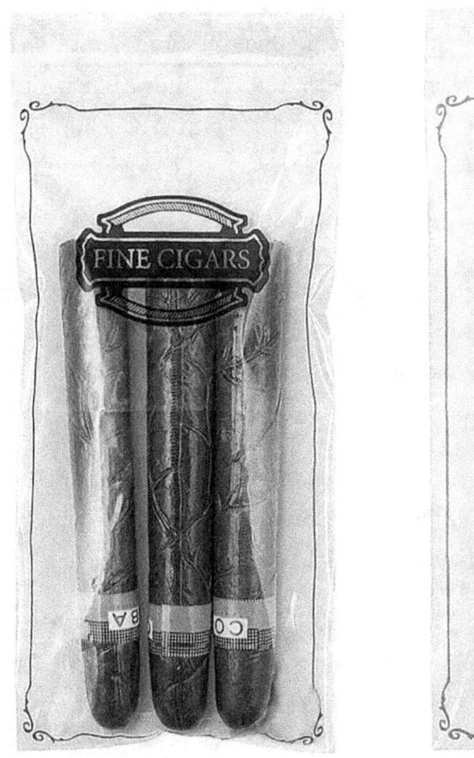

Figura 19: Bolsa de Almacenamiento con Cremallera

Existen varios factores que pueden contribuir a la deshidratación de los puros. Es importante ser consciente de estos factores y tomar medidas para prevenirlos.

143

- <u>Temperatura Ambiente</u>: mantenga el humidor en una habitación con temperatura controlada, evitando la exposición a fuentes de calor directo como radiadores o luz solar directa. Las altas temperaturas pueden causar la evaporación de la humedad.

- <u>Sellado del Humidor</u>: asegúrese de que el humidor esté bien sellado. Los sellos defectuosos permiten la fuga de humedad, lo que puede llevar a la deshidratación de los puros. Si el humidor tiene una fuga, considere reemplazar el sello o el humidor mismo.

- <u>Ventilación Adecuada</u>: evite abrir el humidor con demasiada frecuencia, ya que esto puede permitir la entrada de aire seco. Abra el humidor solo cuando sea necesario y cierre la tapa rápidamente para mantener la humedad interna.

Existen varias herramientas y accesorios que pueden ayudar a mantener la humedad adecuada y evitar que los puros se sequen.

- <u>Higrómetros Digitales</u>: los higrómetros digitales proporcionan lecturas precisas y son fáciles de calibrar. Algunos modelos también ofrecen monitoreo remoto y alertas.

- <u>Humidores Electrónicos</u>: Estos dispositivos automatizan el proceso de humidificación, manteniendo niveles precisos de humedad sin necesidad de intervención manual constante.

- <u>Soluciones de Humidificación</u>: Use soluciones de propilenglicol para estabilizar los niveles de humedad y prevenir fluctuaciones. Estas soluciones ayudan a mantener un ambiente constante dentro del humidor.

Evitar que los puros se sequen es esencial para mantener su calidad y disfrutar de una experiencia de fumado satisfactoria. Un mantenimiento adecuado del humidor, el uso de métodos alternativos de humidificación y la prevención de factores de deshidratación son pasos cruciales para asegurar que sus puros se mantengan frescos y en perfectas condiciones.

Figura 20: Higrómetro Analógico

Restauración de Puros Secos

Si descubre que sus puros se han secado, aún puede intentar restaurarlos siguiendo un proceso cuidadoso.

- <u>Rehidratación Gradual</u>: nunca intente rehidratar los puros secos rápidamente, ya que esto puede causar que se hinchen y rompan. Coloque los puros en un humidor con una humedad más baja, alrededor del 60%, y aumente gradualmente la humedad durante varias semanas hasta alcanzar el nivel óptimo.

- <u>Higrómetro de Precisión</u>: utilice un higrómetro preciso para monitorear la humedad durante el proceso de rehidratación. Asegúrese de que la humedad aumente de manera gradual y controlada.

- <u>Revisión y Rotación</u>: revise los puros regularmente durante el proceso de rehidratación. Rote los puros para asegurar que todos se rehidraten de manera uniforme.

Posibles Enfermedades y Plagas en los puros y cómo evitarlas y solucionarlas.

Los puros pueden ser afectados por diversas enfermedades y plagas que comprometen su calidad y sabor. Conocer estas amenazas y cómo manejarlas es fundamental para mantener sus puros en perfectas condiciones. A continuación, se detallan las principales enfermedades y plagas que pueden afectar a los puros, si son contagiosas y cómo prevenirlas y tratarlas.

- **Moho**: el moho es una de las amenazas más comunes para los puros. Aparece como manchas blancas, verdes, azules o negras en la superficie del puro.

  o Causas: generalmente se desarrolla cuando la humedad dentro del humidor supera el 75%. Las condiciones de alta humedad y falta de ventilación son propicias para el crecimiento del moho.

  o Contagio: puede propagarse de un puro a otros dentro del mismo humidor si no se controla rápidamente.

  o Prevención: mantener la humedad relativa dentro del rango óptimo (65%-72%) y asegurar una buena ventilación del humidor son las mejores maneras de prevenir el moho. Monitoree regularmente los niveles de humedad con un higrómetro preciso y no sobrellene el humidor.

o <u>Tratamiento</u>: si se detecta moho, retire inmediatamente los puros afectados del humidor. Limpie los puros afectados con un paño seco y limpio. Desinfecte el humidor usando una solución de alcohol isopropílico y agua destilada. Deje que el humidor se seque completamente antes de volver a utilizarlo. Verifique que el nivel de humedad esté dentro del rango adecuado antes de volver a introducir los puros.

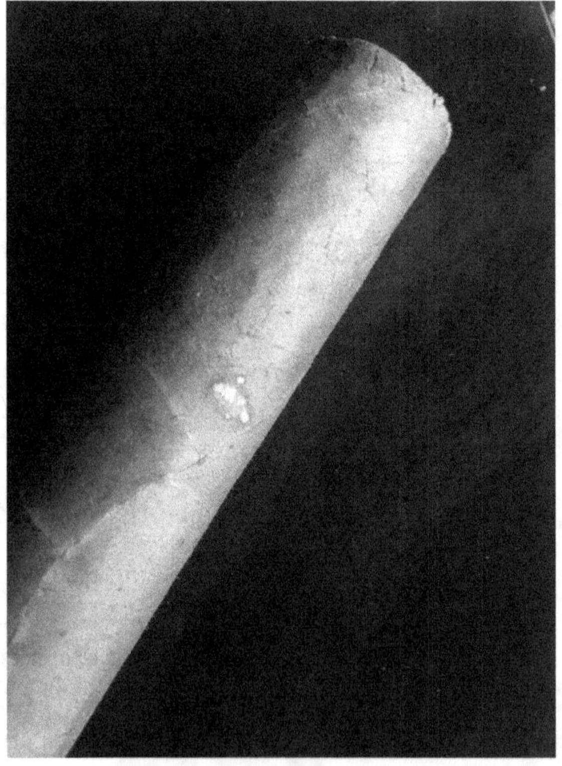

Figura 23: Moho - Aparición de manchas blancas

-   **Lasioderma Serricorne** (Escarabajo del Tabaco): el escarabajo del tabaco es una plaga que puede causar daños significativos a los puros. Los adultos ponen huevos en el tabaco, y las larvas se alimentan de las hojas, creando pequeños agujeros en los puros.

    o   <u>Causas</u>: el escarabajo del tabaco prospera en temperaturas superiores a 23°C. La infestación puede ocurrir en cualquier etapa de la cadena de suministro del tabaco.

    o   <u>Contagio</u>: Estos escarabajos pueden infestar rápidamente todo el contenido de un humidor si no se controlan.

    o   <u>Prevención</u>: mantenga la temperatura del humidor por debajo de 21°C para prevenir la eclosión de huevos de escarabajo. Inspeccione visualmente los puros regularmente en busca de pequeños agujeros o signos de infestación.

    o   <u>Tratamiento</u>: si se detecta una infestación de escarabajos, retire inmediatamente los puros afectados. Coloque los puros en una bolsa sellada y congélelos a -18°C durante 72 horas para matar las larvas y huevos. Después de la congelación, permita que los puros se aclimaten lentamente a temperatura ambiente antes de volver a colocarlos en el humidor. Limpie y desinfecte el humidor antes de volver a usarlo.

Figura 24: Lasioderma - Cómo afecta al puro

Figura 25: Lasioderma – Insecto

- **<u>Ácaros del Tabaco</u>**: los ácaros del tabaco son pequeños insectos que pueden dañar los puros al alimentarse de las hojas de tabaco, dejándolas secas y quebradizas.

  o <u>Causas</u>: los ácaros pueden introducirse en el humidor a través de puros contaminados. Prefieren ambientes cálidos y húmedos.

  o <u>Contagio</u>: los ácaros pueden propagarse rápidamente de un puro a otros dentro del mismo humidor.

  o Prevención: mantener la limpieza del humidor y la inspección regular de los puros puede ayudar a prevenir la infestación de ácaros. Mantenga la humedad y la temperatura dentro del rango óptimo para desalentar su desarrollo.

  o Tratamiento: si se detectan ácaros, retire los puros afectados y limpie el humidor a fondo con una solución de alcohol isopropílico y agua destilada. Permita que el humidor se seque completamente antes de volver a usarlo. Inspeccione y limpie los puros afectados con un paño seco y verifique regularmente para asegurarse de que no haya más ácaros.

- **<u>Moho Azul</u>**: el moho azul, conocido por su color distintivo, puede aparecer en los puros cuando la humedad es demasiado alta.

  - o <u>Causas</u>: humedad excesiva y ventilación inadecuada dentro del humidor.

  - o <u>Contagio</u>: Similar a otros mohos, el moho azul puede propagarse rápidamente a otros puros si no se controla.

  - o <u>Prevención</u>: mantenga la humedad relativa dentro del rango recomendado y asegure una ventilación adecuada en el humidor. Monitoree regularmente los niveles de humedad y realice inspecciones visuales frecuentes.

  - o <u>Tratamiento</u>: si detecta moho azul, retire los puros afectados y limpie el humidor con una solución de alcohol isopropílico y agua destilada. Asegúrese de que el humidor esté completamente seco antes de volver a usarlo. Inspeccione y limpie los puros afectados con un paño seco y limpio.

- **Hongo de la Hoja de Tabaco**: el hongo puede aparecer como manchas blancas o negras en las hojas del tabaco, afectando tanto el sabor como la apariencia del puro.

  o Causas: altos niveles de humedad y falta de circulación de aire pueden contribuir al crecimiento de hongos.

  o Contagio: el hongo puede propagarse rápidamente si no se controla, afectando múltiples puros en el mismo humidor.

  o Prevención: mantener una humedad adecuada y una buena ventilación dentro del humidor puede ayudar a prevenir el crecimiento de hongos. Monitoree y ajuste los niveles de humedad regularmente.

  o Tratamiento: retire los puros afectados y limpie el humidor con una solución de alcohol isopropílico y agua destilada. Deje que el humidor se seque completamente antes de volver a usarlo. Inspeccione y limpie los puros afectados con un paño seco y limpio, y monitoree para asegurarse de que no reaparezca el hongo.

Implementar buenas prácticas de mantenimiento y prevención puede ayudar a minimizar el riesgo de enfermedades y plagas en los puros. Es por ello que se recomienda mantener una higiene regular del humidor, así como un monitoreo constante de temperatura y humedad. Realizar inspecciones visuales de los puros, observando algún posible indicio de infección.

Las enfermedades y plagas pueden afectar seriamente la calidad de los puros, pero con el conocimiento adecuado y la implementación de buenas prácticas de prevención y tratamiento, estos problemas pueden ser manejados efectivamente. Mantener un humidor limpio y en condiciones óptimas, junto con un monitoreo regular de la humedad y la temperatura, puede ayudar a prevenir la mayoría de los problemas comunes. Con estos conocimientos, los aficionados pueden disfrutar de puros frescos y sabrosos, asegurando una experiencia de fumado placentera en todo momento.

XII

Iconos del Mundo: Marcas que definen la Excelencia

En el vasto mundo del tabaco, algunas marcas han logrado destacarse por su calidad, tradición e innovación, convirtiéndose en verdaderos iconos del arte del puro. Este capítulo está dedicado a explorar las historias, características y particularidades de algunas de las marcas más famosas y respetadas de puros. Conocer estas marcas no solo enriquece el conocimiento del aficionado, sino que también proporciona una guía para explorar y disfrutar de puros excepcionales. Haremos un recorrido superficial, por algunas de las marcas más importantes del mundo del puro.

Cohiba: Símbolo de Excelencia cubana

La marca Cohiba fue creada en 1966 y originalmente se destinaba exclusivamente para uso personal de Fidel Castro y como obsequios diplomáticos. Fue en 1982 cuando Cohiba se lanzó al mercado internacional.

Los puros Cohiba son conocidos por su sabor suave y cremoso con notas de cacao, café y especias. Las líneas más conocidas incluyen la Línea Clásica, la Línea 1492 (Siglo) y la Línea Maduro 5. Cohiba es pionera en la implementación del tercer fermentado, conocido como "reposo", que contribuye a su sabor distintivo.

Figura 26: Fidel Castro - COHIBA

Montecristo: Tradición y Sabor Refinado

Fundada en 1935, Montecristo rápidamente se convirtió en una de las marcas más queridas de Cuba. La marca se inspira en la novela *"El Conde de Montecristo"* de Alejandro Dumas, que era leída a los torcedores mientras trabajaban.

Los puros Montecristo son conocidos por su sabor equilibrado y complejidad, con notas de cacao, café y especias. Las vitolas más populares incluyen el Montecristo No. 2, el No. 4 y la Línea 1935, entre otros. Montecristo ha mantenido su prestigio a través de una cuidadosa selección de tabaco y técnicas de producción tradicionales.

Figura 27: Obra - "El Conde de Montecristo"

Partagás: Potencia y Carácter

Fundada en 1845 por Don Jaime Partagás, esta marca es una de las más antiguas y prestigiosas de Cuba. La fábrica de Partagás, situada en el corazón de La Habana, es un punto de referencia histórico.

Los puros Partagás son conocidos por su sabor fuerte y complejo, con notas de madera, pimienta y cuero. El Partagás Serie D No. 4 y el Lusitanias son algunos de los más icónicos. Partagás ha innovado con la Serie P y la Serie E, que han sido bien recibidas por su profundidad y complejidad de sabor.

Figura 28: Partagás – Potencia y Carácter

H. Upmann: Elegancia y Suavidad

Fundada en 1844 por el banquero alemán Herman Upmann, esta marca ha sido sinónimo de calidad y elegancia durante más de un siglo.

Los puros H. Upmann son conocidos por su suavidad y notas florales, con matices de miel y almendra. Las vitolas destacadas incluyen el H. Upmann Magnum 46 y el Sir Winston. H. Upmann se ha mantenido relevante mediante la introducción de nuevas líneas como la Connoisseur y la Reserva, que han recibido elogios por su complejidad y refinamiento.

Figura 29: Herman Upmann – Elegancia y Suavidad

Romeo y Julieta: Romance y Complejidad

Fundada en 1875, la marca Romeo y Julieta se hizo famosa bajo la dirección de Don 'Pepin' Rodríguez, quien promovió la marca mediante la inclusión de anillos de puro personalizados.

Conocidos por su suavidad y equilibrio, los puros Romeo y Julieta presentan notas de cedro, frutos secos y especias. Vitolas populares incluyen el Romeo No. 1 y el Wide Churchill. La marca ha introducido ediciones limitadas y series especiales como la Serie Añejados, que han revitalizado su perfil clásico.

Figura 30: Romeo y Julieta - Petit Churchill

José Luis Piedra: autenticidad cubana para todos

Fundada por la familia Piedra, inmigrantes españoles que se establecieron en Cuba a finales del siglo XIX.

José L. Piedra se produce principalmente con tabaco de la región de Vuelta Arriba, en Cuba, en lugar de la famosa Vuelta Abajo. Conocidos por su calidad y asequibilidad, mezclando tabaco de tripa corta. Una anécdota interesante sobre la marca es cómo su popularidad creció durante la Gran Depresión en los Estados Unidos. En una época en que muchos consumidores buscaban productos de alta calidad a precios más bajos.

Figura 31: José Luis Piedra – Autenticidad Cubana para Todos

<u>Por Larrañaga: tradición y excelencia en la calada</u>

Marca histórica de puros cubanos, fundada en 1834 por Ignacio Larrañaga. Conocida por su larga tradición de calidad y artesanía en la fabricación.

Con 190 años de historia, Por Larrañaga ha mantenido su reputación gracias a la excelencia en sus procesos de elaboración y a la selección cuidadosa de las hojas de tabaco, cultivadas en Vuelta Abajo. Por Larrañaga fue la primera marca en introducir el uso de máquinas para ayudar en la fabricación de sus puros, una innovación que generó controversia en la industria

Figura 32: Por Larrañaga - Tradición y Excelencia en la calada

Quai D´Orsay: elegancia parisina con alma cubana

Prestigiosa marca fundada en 1973 por iniciativa del gobierno francés y la empresa Habanos S.A. Teniendo como objetivo desarrollar una marca de puros que capturara el gusto y la sofisticación francesa.

El nombre de la marca proviene del famoso muelle de París, Quai D'Orsay, simbolizando una conexión entre la elegancia francesa y la calidad cubana, caracterizados por su suave y aromático sabor, que atraen tanto a paladares novatos como a conocedores experimentados.

Figura 33: Quai D´Orsay - Elegancia Parisina con Alma Cubana

Trinidad: exclusividad en la calada

Marca fundada en 1969 inicialmente produciendo puros exclusivamente para regalos diplomáticos del gobierno cubano, lo que le otorgó un aura de exclusividad y misterio. No fue hasta 1988 que Trinidad comenzó a estar disponible para el público general, ganando rápidamente fama por su calidad y artesanía excepcional.

Los puros Trinidad se elaboran en la legendaria fábrica de El Laguito, la misma donde se producen los famosos Cohiba. Con hojas de Vuelta Abajo en Pinar del Río.

Figura 34: Trinidad - Exclusividad en la Calada

Vegueros: espíritu de los agricultores

Vegueros tiene sus raíces en la región de Pinar del Río, una zona famosa por su plantación de tabaco de alta calidad. Estableciéndose formalmente en 1997, aunque sus métodos y tradiciones se remontan a muchos años atrás, cuando los agricultores (vegueros) de la región comenzaron a elaborar puros para su propio consumo.

Una anécdota interesante sobre Vegueros es que, originalmente, estos puros no estaban destinados a la venta comercial. El carácter comunitario de los vegueros inspiró el nombre de la marca cuando finalmente se comercializó.

Figura 35: Vegueros - Espíritu de los Agricultores

VegaFina: Tradición, Calidad y Sabor

Marca Premium reconocida a nivel mundial por su calidad y sabor excepcional. Originada en Republica Dominicana. Fundada en el 1998, esta marca se ha distinguido por su compromiso con la excelencia y su capacidad para ofrecer una amplia gama de sabores y estilos que atraen tanto a aficionados como a conocedores. Destacando por su suavidad y complejidad.

Estos puros son elaborados por expertos tabaqueros que siguen métodos tradicionales para garantizar una experiencia de fumado única. El nombre VegaFina evoca la imagen de "vegas finas", que son las mejores plantaciones de tabaco, produciendo su tabaco en la famosa fábrica de La Romana.

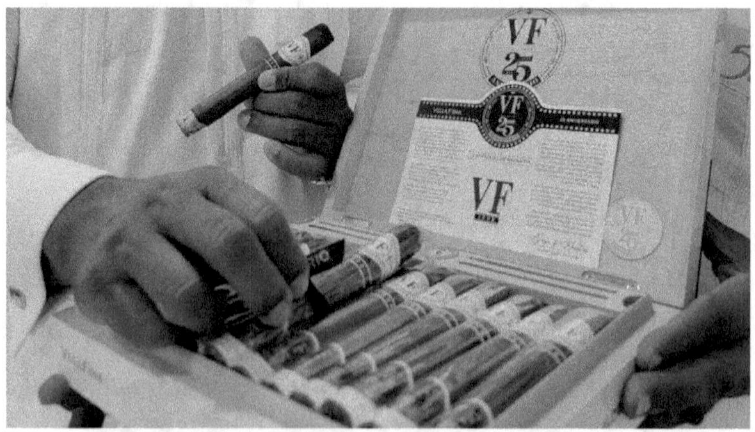

Figura 36: VegaFina – Tradición, Calidad y Sabor

Las marcas de puros mencionadas en este capítulo no solo representan lo mejor del mundo de los puros habanos, sino que también cuentan con historias ricas y tradiciones profundas que han contribuido a su prestigio global. Conocer estas marcas permite a los aficionados explorar una amplia gama de sabores y estilos, enriqueciendo su experiencia de fumado y apreciación por este noble arte. Hay que considerar que hay más marcas, pero yo solo he querido destacar las mencionadas.

Índice

CUBA